GABRIELE HENNICKE

Jenseits von Bollenhut und Kuckucksuhr

Tüftler, Pioniere und Originale
aus dem Schwarzwald

rombach verlag

© 2018. Rombach Verlag KG, Freiburg i. Br. / Berlin / Wien
2. Auflage. Alle Rechte vorbehalten
Bildnachweis: Alle Bilder im Buch sind von der Autorin Gabriele Hennicke, außer
S. 63, 65 unten (© Martin Geng), S. 94/95 (© Wolfgang Eckerle), S. 98 (© Kreis-
archiv Breisgau Hochschwarzwald), S. 100, 101, 102/103 (© Skiclub Todtnau)
Umschlag: Bärbel Engler, Rombach Verlag KG
Satz: post scriptum, www.post-scriptum.biz
Herstellung: Media-Print Group GmbH, Paderborn
Printed in Germany
ISBN 978-3-7930-5132-9

INHALT

SCHWARZWALD, DAS IST mehr als Bollenhut und Kuckucksuhr. Schwarzwald, das ist wunderschöne Natur, Geschichte und Kultur, das sind die Menschen, die in dieser Region leben. Die Einheimischen, die seit Generationen hier leben und die Zugezogenen, die vielerorts erst in zweiter Generation so richtig dazu gehören. Die Menschen machen den Unterschied, das, was eine Region so besonders und unverwechselbar macht. Die Schwarzwälder sind vieles: Traditionsbewahrer und zugleich innovative Zukunftsmacher, Querdenker und Sturköpfe, Naturliebhaber und Natursüchtige, Tüftler und Denker. Und vor allem eines, echte Originale.

Hier im Schwarzwald ist meine Heimat, hier bin ich geboren, hier lebe ich. In dieser Landschaft mit ihrer grandiosen Natur bin ich tief verwurzelt. Am liebsten schreibe ich Geschichten über Land und Leute, über das, was Menschen antreibt und bewegt. Besonders glücklich bin ich, wenn ich bei meinen Recherchen auf Menschen stoße, die sich einer Sache verschrieben haben, die etwas ganz Besonderes machen. Sie lassen mich an dem, was sie tun, teilhaben und stecken mich mit ihrer Begeisterung an.

Diese Begeisterung möchte ich in meinen Reportagen aus dem Schwarzwald an Sie, liebe Leserinnen und Leser, weitergeben. Es sind Geschichten mit Herz geworden, denn wer sein Herz öffnet und sich mit dem zeigt, was ihm besonders wichtig ist, der hat auch Geschichten mit Herz verdient.

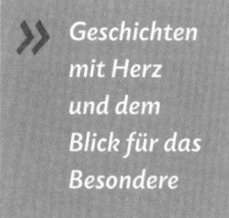

>> *Geschichten mit Herz und dem Blick für das Besondere*

Meine Geschichten erzählen von Menschen aus dem Schwarzwald und den angrenzenden Regionen, von der Natur, der Landwirtschaft. Sie alle eint der Blick für das Besondere und das Wissen um Zusammenhänge und Hintergründe. Mit meinen Schwarzwaldgeschichten knüpfe ich an die

Tradition des Geschichtenerzählens an, als sich die Menschen in der Stube versammelten, eine Handarbeit verrichteten und dabei einer Geschichte lauschten.

Begleiten Sie mich auf meiner Reise durch den Schwarzwald, die ihren Schwerpunkt im Südschwarzwald in der Region um Münstertal hat, wo ich lebe und mich jeden Tag an der herrlichen Landschaft und ihren Menschen erfreue. Und falls Sie jemanden kennen, dessen Geschichte mindestens genauso erzählenswert ist, freue ich mich über einen Hinweis.

Juni 2017
Gabriele Hennicke

1 IM RAUCH LEBT DER LETZTE KÖHLER WEITER

Wenn der Kohlenmeiler brennt, dann setzt Familie Riesterer in Münstertal nicht nur die jahrhundertealte Köhlertradition im Südschwarzwald fort. Dann ist ihnen auch der verstorbene Vater ganz nah...

Einmal im Jahr ist es, als lebte Siegfried Riesterer noch. Denn jedes Jahr an Ostern setzt seine Familie den Kohlenmeiler in Münstertal im Südschwarzwald in Brand. Ganz so, wie es der Vater 34 Jahre lang mehrmals im Jahr getan hat. Wenn die Kleider nach Holzkohle riechen und der bläulich-weiße Rauch des Kohlenmeilers durchs abgelegene Gabeltal zieht, dann ist Siegfried Riesterer seiner Familie besonders nah.

Dabei sah es fast so aus, als hätte mit ihm auch das traditionsreiche Handwerk des Köhlers im Münstertal sein Ende gefunden. Etwa zwei Wochen dauert es, bis im Kohlenmeiler aus 30 Ster Buchenholz hochwertige Grillkohle entsteht. In dieser Zeit muss der Meiler überwacht, gehegt und gepflegt werden, rund um die Uhr. »Das schaffen wir nicht. Wir sind doch alle berufstätig.« Das war nach dem Tod des Vaters die einhellige Meinung im Familienkreis, der aus Mario Riesterer, seinem Zwillingsbruder Michael, Schwester Andrea und Schwager Uwe Franz und natürlich Mutter Kriemhild besteht. Es sind ja nur zwei Wochen, vielleicht könnte es ja doch gehen, meldete sich eine leise Stimme, mal im einen, mal im anderen. Wenn man ein verlängertes Wochenende dazu nimmt, feste Zeiten abspricht und alle mit-

helfen. Und tatsächlich: Schon wenige Monate nach Siegfried Riesterers Tod brannte der Meiler wieder, das gemeinsame Werk der Brüder Mario und Michael, von Schwager Uwe Franz und Mutter Kriemhild Riesterer. »Es war wichtig, dass wir es gleich gemacht haben, hätten wir gewartet, wäre es sicher nichts geworden mit der Fortsetzung der

Familientradition«, sagt Mario Riesterer rückblickend, während er den nunmehr vierten Kohlenmeiler überwacht und kontrolliert, ob Löcher im Meiler entstanden sind.

Über eine kleine Holzleiter steigt Mario Riesterer die etwa drei Meter hinauf auf den Meiler. Jetzt steht er mitten im Rauch, oben auf dem brennenden Meiler. Hat der Köhler ein Loch entdeckt, steigt er vom Meiler hinunter, holt Erde, schaufelt Erde aufs Loch und klopft sie fest. »Der Meiler darf nicht zu viel Luft bekommen und brennen, sondern nur glimmen«, sagt er.

Im Sommer und Herbst hat Familie Riesterer die meterlangen Holzscheite für den Meiler gesägt, gespalten und den Meiler aufgestapelt, damit das Holz trocknen kann. Die Köhler nutzen jedes Jahr die gleiche Meilerplatte, die in Münstertal ist sogar überdacht. Rund um den Zündschacht, den ›Quandel‹, der aus drei Holzstangen besteht, die mit einem Eisenring verbunden sind, stapeln sie

das Holz kegelförmig. Etwa drei Meter hoch wird der Meiler am Schluss sein. Wenn er angezündet wird, nimmt der Zündschacht die Glut auf, die den Meiler in Betrieb setzt. Anschließend wird der Meiler mit einer Schicht Tannenreisig abgedeckt und mit der ›Lösche‹, dem Bodensatz aus Kohlenstaub und Erde des vorherigen Meilers, abgedichtet. Diese 10 bis 15 Zentimeter dicke Erdschicht spielt beim gesamten Verkohlungsprozess eine wichtige Rolle. Sie muss so fest und dicht sein, dass Wind und Wetter dem Meiler nicht zusetzen können, deshalb wird sie laufend kontrolliert.

Über etwa 20 Löcher, die er mit einer Metallstange in den Meiler gebracht hat, steuert Mario Riesterer die Luftzufuhr und regelt den Kohlvorgang. »Die ersten zwei Tage überwachen wir den Meiler permanent. Da ist es am gefährlichsten. Wir schlafen draußen beim Meiler. Wenn wir überhaupt zum Schlafen kommen.« Was passieren kann? »Der ganze Meiler könnte in die Luft fliegen. Es könnte eine Verpuffung geben, schließlich bilden sich durch das Abbrennen Gase, die raus müssen. Bei unserem zweiten Meiler 2014 ist uns das dreimal passiert. Die größte Gefahr besteht, wenn morgens der Wind dreht«, berichtet Riesterer.

600 Grad hat es innerhalb des Meilers, die Verkohlung beginnt bereits bei 240 Grad.

Die Familie hat Schichten eingeteilt. Zwillingsbruder Michael Riesterer, der etwa 20 Kilometer entfernt lebt und eine Kfz-Werkstatt betreibt, kommt in der Mittagspause und schaut nach dem Rechten. Vormittags und nachmittags ist Mutter Kriemhild verantwortlich. Mario Riesterer und sein Schwager Uwe Franz wohnen zwar in Münstertal, arbeiten aber beide weiter weg. Sie schauen nach der Arbeit nach dem Meiler und wechseln sich mit Michael Riesterer in den Nächten ab. Zwei Nächte Dienst, eine Nacht frei. Zum Glück können alle drei immer wieder gleich einschlafen, sobald sie nach der Kontrolle wieder im Bett liegen. »Natürlich fragt man sich manchmal, warum mache ich das eigentlich, wenn man nachts um vier, fünf Uhr oben auf dem Meiler im Rauch steht und Löcher zumacht«, gibt Mario Riesterer zu. Schließlich ist sein Leben ausgefüllt. Mit der Arbeit als Steuerberater in der Kanzlei in 40 Kilometern Entfernung, die er bald übernehmen wird. Mit seiner Familie

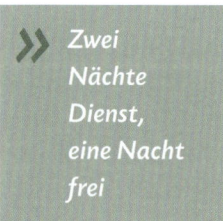

» *Zwei Nächte Dienst, eine Nacht frei*

mit zwei kleinen Kindern. Nur der Vater fehlt. »Den Vater, den finde ich nicht im Elternhaus, sondern hier hinten beim Kohlenmeiler, im Rauch«, sagt er.

Gerade mal vier Wochen alt waren die Zwillinge 1975 gewesen, als der Vater seinen ersten Kohlenmeiler in Brand gesetzt hatte. Siegfried Riesterer, im Hauptberuf Waldarbeiter, hatte damit das Erbe seines Onkels Pius angetreten, der der letzte hauptberufliche Köhler im Münstertal gewesen war. »Die Kinder waren immer dabei, die drei Jahre ältere Schwester und die Zwillinge erst im Kinderwagen, später im Laufstall. Als sie größer waren auch ihre Freunde, der Wald war der Spielplatz«, erinnert sich Mutter Kriemhild Riesterer. Kein Wunder also, dass der Kohlplatz mit dem Wald darum herum so etwas wie die zweite Heimat ihrer Söhne geworden ist. »Ich bin einfach gerne im Wald, das ist der Ausgleich zum Bürojob als Steuerberater«, sagt Mario

Riesterer, »hier gibt es keinen Handyempfang, man ist nicht erreichbar, das tut gut.« Gut tut auch die Gemeinschaft, das gemeinsame Arbeiten mit Bruder und Schwager, mit der Mutter. Und das Feierabendbier. »Das Bier nach getaner Arbeit, das entschädigt auch für manche Anstrengung«, gibt der Köhler augenzwinkernd zu.

Nach etwa zwei Wochen ist der Meiler durchgekohlt. Aus dem Holz ist Holzkohle geworden. Noch glüht ein guter Teil davon. Die Arbeit am Meiler ist längst nicht abgeschlossen. Jetzt heißt es den Meiler abbauen, nach und nach. Etwa eine Woche dauert das, die Familie verteilt

die sieben Tage auf mehrere Samstage. Mit einem langstieligen großen Rechen zieht Mario Riesterer fertige Holzkohle vom Meiler hinab nach außen und legt einen kleinen Holzkohlering rund um den Meiler. Dann kommen die Gießkannen mit Wasser aus dem kleinen Bach neben dem Kohlplatz zum Einsatz. Schwaden von Wasserdampf ziehen durchs Tal. Die meisten der Kohlestücke sind bereits ausgekühlt, immer wieder gibt es aber kleine Glutnester, die es zu finden gilt. Mit Akribie und Geduld dreht Kriemhild Riesterer mit einer kleinen Harke Kohlenstück um Kohlenstück um. Zwei kleine orangefarbene Kindergießkannen – es sind die ihrer längst erwachsenen Kinder – kommen immer dann zum Einsatz, wenn sie ein glühendes Kohlestück entdeckt hat. »Man muss sehr vorsichtig und sorgfältig sein, sonst trägt man das Feuer überallhin«, sagt sie. Nicht auszudenken, was passieren würde, wenn ein glühendes Kohlestück den Sack in Brand setzen würde, in den die abgekühlte

Kohle später eingefüllt wird. Wieviele Kohlesäcke Familie Riesterer am Ende abgefüllt haben wird, lässt sich nicht vorhersagen, das hängt von vielen Faktoren ab. Die Papiersäcke mit acht Kilo bester Holzkohle, die Kriemhild Riesterer für 14 Euro pro Sack verkauft, sind bei vielen Stammkunden begehrt.

Ob die sich wohl darüber im Klaren sind, dass sie nicht nur ein durch und durch handgefertigtes Produkt erworben haben, sondern mit ihrem Kauf dazu beitragen, die jahrhundertealte Köhlertradition im Schwarzwald fortzusetzen?

2 GLÜCKLICHE KÄLBER, GLÜCKLICHE KÜHE, GLÜCKLICHE BAUERN

Sie machen das, was sich viele Verbraucher wünschen. Sie erzeugen ihre Milch so, dass es Kühen und Kälbern gut dabei geht. Muttergebundene Kälberaufzucht heißt das Konzept, für das Silvia und Fredi Rutschmann vom Hof Gasswies in Klettgau 2015 der Bundespreis Ökologischer Landbau verliehen wurde.

W IE DIE MUTTERGEBUNDENE Kälberaufzucht praktisch aussieht, das erlebt man am besten im Frühjahr, wenn die neuen Kälber geboren sind und Kuhkinderstube und Kuhkindergarten live erlebt werden können. Halb sechs Uhr abends an einem sonnigen Frühsommerabend. Der Hof Gasswies, seit 1998 nach Bioland-Richtlinien bewirtschaftet, liegt etwa 20 Kilometer nordwestlich von Waldshut in einer sanften Hügellandschaft in der Nähe der Schweizer Grenze. Er besteht aus einem modernen, holzverkleideten Wohn- und Bürogebäude und großen Stallungen mit Photovoltaik auf den Dächern. Auf der Kuhweide, die direkt an den Hof angrenzt, stehen und liegen 50 Fleckviehkühe – bis auf zwei alle behornt – in der Sonne. »Kömmet, kömmet«, ruft Silvia Rutschmann und klatscht dabei in die Hände. Nur langsam bewegen sich die Tiere, nicht wenige brauchen eine zweite, etwas handfestere Auffor-

derung. Dann machen sie sich gemächlich auf Richtung Stall. Dort warten bereits die nur wenige Wochen bis drei Monate alten Kälber in kleinen, altersmäßig abgetrennten Gruppen auf ihre Mütter. Jeden Abend und jeden Morgen dürfen sie nach dem Melken eine Stunde lang bei ihren Müttern trinken. Mitarbeiter Cyprian melkt die extra gekennzeichneten Kühe deshalb nicht ganz aus und lässt den Kälbern genug Milch

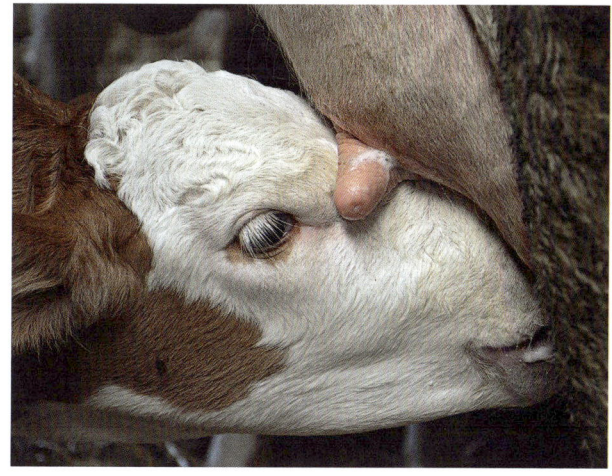

übrig. Die trächtigen Tiere laufen nach dem Melken gleich weiter zum Fressen, die Mütter leitet Silvia Rutschmann zu ihren Kälbern im hinteren Teil des Stalles. Sofort suchen die Kälbchen den Kontakt zur Mutter und beginnen zu saugen. Die Stimmung im Stall ist ruhig und friedlich. »Das genießen nicht nur Kühe und Kälbchen, sondern auch ich sehr«, sagt Rutschmann, »es ist schön, die innige Beziehung zwischen Müt-

tern und Kindern zu beobachten.« Nach etwa einer Stunde trennen sich die Wege wieder, das geht problemlos. Nach drei Monaten wechselt das Kalb bis zum endgültigen Absetzen von der Milch in Ammenbetreuung, dabei trinken mehrere Kälber bei einer Kuh.

In der Milchviehhaltung ist es üblich, Mutterkuh und Kalb schon etwa drei Tage nach der Geburt voneinander zu trennen. Die Kuh wird gemolken, das Kalb mit Hilfe von Nuckelflasche oder Tränkeeimer gefüttert. »Da Kühe einen ausgeprägten Mutterinstinkt besitzen, leiden sie stark unter der Trennung von den Kälbern. Unsere Methode haben wir über Jahre entwickelt, immer wieder ausprobiert, wie es funktionieren kann. Jetzt haben wir – auch vom Handling im Stall her – eine gute und praktikable Form gefunden«, sagt die Bäuerin, eine gelernte Landschaftsarchitektin. Wie die muttergebundene Kälberaufzucht ist das ›saisonale Abkalben‹ eine Besonderheit auf dem Hof Gasswies. Nicht der Tierarzt mit seiner Besamungsspritze, sondern Bulle Franz sorgt für den Nachwuchs. Wie die Natur es vormacht, deckt er die Herde im Frühjahr auf der Weide. Nach neun Monaten, ab Februar des Folgejahres, kommt dann ein Kälbchen nach dem anderen zur Welt. Dann geht es rund auf dem Hof, kaum eine Nacht gibt es, in der die Bauern ruhig schlafen können. Um den Jahreswechsel werden die Kühe trockengestellt, also nicht mehr gemolken. Die sechswöchige Ruhephase der Tiere ist auch eine für die Menschen, in diese Zeit können die Rutschmanns ihren Urlaub legen, weil sie leichter eine Vertretung finden, wenn nicht gemolken werden muss.

Noch ist der Hof Gasswies mit seinem Konzept ein Pionier, die Anzahl ähnlicher Betriebe in Baden-Württemberg lässt sich an zwei Händen abzählen. »Die Art und Weise, wie heute Milch produziert wird und das Thema muttergebundene und ammengebundene Kälberaufzucht erfahren in den letzten Jahren viel Interesse bei den Verbrauchern, der Politik, der Presse und vor allem auch bei den Landwirten«, freut sich Silvia Rutschmann. Die Kampagne *Kuh und Du* der Welttierschutzgesellschaft engagiert sich für eine kuhgerechte Tierhaltung, außerdem gibt es zahlreiche Forschungsprojekte von Universitäten. Der Hof Gasswies ist einer von fünf Betrieben, die vom Bundeslandwirtschaftsministerium als *Modell- und Demonstrationsbetrieb Tierschutz* im Bereich Kälberhaltung ausgewählt wurden. Ziel des Ministeriums ist es, durch Wissenstransfer die Lücke zwischen Forschung und Praxis zu schließen, so dass möglichst viele Betriebe tierschutzfördernde Maßnahmen umsetzen kön-

nen. »Wir haben in 15 Jahren viel Erfahrung gesammelt, wie ein Stall für muttergebundene Kälberaufzucht idealerweise aufgeteilt sein soll, so dass wir dieses Wissen nun an andere weitergeben können, die neu bauen wollen. Für uns selbst bringt der Austausch mit den anderen vier Betrieben einen großen Wissenszuwachs«, beschreibt Rutschmann die Win-Win-Situation.

Die Gasswies-Kühe geben jeweils etwa 4500 Liter pro Jahr, während der Milchertrag pro Kuh im Bundesdurchschnitt 2015 bei über 7600 Litern lag. Etwa 160 000 Liter Biomilch liefert der Hof im Jahr an die Schwarzwaldmilch. »Wir wollten keine Hochleistungskühe, die nur im Stall leben. Wir erzeugen nur so viel Milch, wie wir Futter auf unseren 60 Hektar Grünland produzieren«, sagt Rutschmann, »wir nehmen in Kauf, dass wir weniger Milch vermarkten, wir wollen nicht an die Grenze des Möglichen gehen. Mit unserem Gemischtbetrieb, bei dem alle Bereiche ineinander greifen, können wir die finanziellen Einbußen querfinanzieren. »Ein Plus dieser artgerechten Form der Tierhaltung ist auch die bessere Gesundheit der Tiere. Wenn die Mastrinder zwei bis drei Jahre alt sind, werden sie in einer Biometzgerei ganz in der Nähe geschlachtet. Das Fleisch verkaufen die Rutschmanns ab Hof. Bewusst haben sich die Landwirte für weitere Betriebszweige wie Obstbau, Saatgutvermehrung von Bio-Getreide, Sojaanbau und die Herstellung von Edelbränden entschieden. Zwar ist die Milcherzeugung der wichtigste Betriebszweig und Haupteinnahmequelle, aber ohne die anderen Standbeine des Hofes ginge es nicht, meint Fredi Rutschmann. Wichtig ist den Landwirten der Kontakt zu den Verbrauchern, deshalb beteiligen sie sich am EU-Schulfruchtprogramm, das Klettgauer Kinder in Kindergarten und Schule mit leckerem Bio-Obst beliefert und empfangen Schulkinder auf dem ›Lernort Bauernhof‹. Als *Demonstrationsbetrieb Ökologischer Landbau* zeigen die Rutschmanns, wie ökologische Landwirtschaft funktioniert und stellen sich den Fragen ihrer Kunden. Wer die ökologische Landwirtschaft, wie sie auf Hof Gasswies betrieben wird, unterstützen möchte, übernimmt eine Kuhpatenschaft für 120 Euro im Jahr oder eine Baumpatenschaft für 36 Euro im Jahr. »Für uns ist dabei auch die ideelle Unterstützung wichtig. Die Paten sind Privatpersonen, aber auch Schulklassen und einige Unternehmen. Wir laden sie zu unseren Veranstal-

tungen ein, sie können ihre Kuh oder ihren Baum besuchen«, beschreibt Fredi Rutschmann das Prinzip.

Sehr froh ist das Ehepaar darüber, dass der Bauernhof mit einer Kommanditgesellschaft (KG) seit dem Jahr 2016 eine neue Betriebsstruktur gefunden hat. Sie ermöglicht eine außerfamiliäre Hofnachfolge, denn wie viele andere Bauernhöfe haben auch die Rutschmanns keinen Hofnachfolger in der Familie. Fredi Rutschmann ist Komplementär und Betriebsleiter, Gesellschafter sind seine Frau Silvia, Freunde und befreundete Bio-Betriebe, etwa aus der Züchtungsforschung. »Mehr Köpfe am Tisch entscheiden nun mit darüber, wenn es um die Zukunft des Betriebs geht«, freut sich Silvia Rutschmann. »Ein weiterer Meilenstein in Richtung Zukunftsfähigkeit ist die Zusammenarbeit mit der Kulturland Genossenschaft. Bürger, die Genossenschaftsanteile zeichnen, helfen mit, dass wir unsere Pachtflächen erwerben können und so eine verlässlichere Wirtschaftsgrundlage haben. In den vergangenen beiden Jahren konnten wir so zehn Hektar mit Bürgergeld für unseren ökologischen Landbau sichern.«

Zunächst hielten viele die Methode lediglich für einen Werbegag.

3 DER MANN, DER GEIGEN AKUPUNKTIERT

Geigenbaumeister Ralf Schumann hat sich einen Namen als Klangkünstler ge-
macht. Mit der Klangeinstellung von Instrumenten durch Akupunktur ist er
weithin bekannt geworden. Musiker aus der ganzen Republik pilgern ins ab-
gelegene Münstertal im Schwarzwald, um den Klang ihres Instruments ver-
bessern zu lassen.

RALF SCHUMANN KLOPFT mit einem kleinen Holzstab auf die Vorderseite der Geige. Auf der Bass-Seite, neben den tiefen Saiten, klingt
der Ton tiefer als auf der anderen Seite, der Diskant-Seite. »So muss es
klingen«, sagt er. Dann pocht er vorsichtig mit seinem »Kloppstock«,
wie er den kleinen Stab schmunzelnd nennt, entlang der Geige von
unten nach oben. Der Klopfton wird immer höher, je weiter er die Geige
hinaufpocht. Schon in den 1980er Jahren, kurz nachdem er die Geigen-
bauschule in Mittenwald abgeschlossen hatte und als Geselle in Hamburg arbeitete, stieß Ralf Schumann in einer Geigenbaufachzeitschrift
auf die Forschungen des russischen Geigenbauers Denis Yarovoi.

Yarovoi hatte beim Abklopfen von Stradivari-Geigen ein bestimmtes
Muster von Klopftönen entdeckt. Ein Schüler von Yarovoi, Georg Dinin,
stellte dessen Forschungen Anfang
der 90er Jahre in Deutschland vor.
»Der einzige Geigenbauer, der in
Deutschland darauf angesprun-
gen ist, war ich«, erzählt Ralf Schumann mit einem Lächeln, »ich war
gleich hoch elektrisiert. Damit
war der Weg gebahnt, den ich anschließend gehen konnte.« Schu-
manns eigene Klopfexperimente
an hochwertigen Instrumenten
vertieften die Entdeckungen von
Yarovoi.

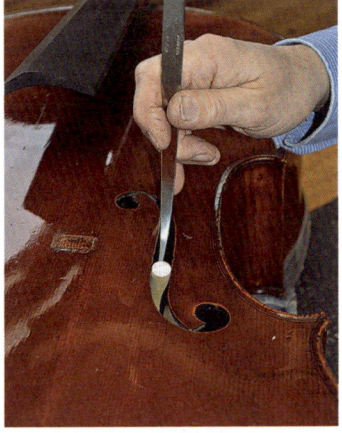

Für Ralf Schumann war schnell klar, dass er seine Geigen künftig so bauen wird, dass sie dem Klopfschema entsprechen. Das macht er so erfolgreich, dass er bei verschiedenen Geigenbauwettbewerben mehrere Preise gewann. Für den Neubau von Geigen, Celli und Bratschen nutzt Ralf Schumann Holz, das er zuvor wochenlang im kleinen Schwarzwaldbächlein hinter seinem Haus gelagert hat. Manchmal sind das sogar

Stücke von Brennholzstapeln oder Hölzer, die er auf Spaziergängen findet und die er anschließend zu maximal 20 Millimeter dicken Brettern sägt. »Ich wässere die Bretter, damit die wasserlöslichen Bestandteile ausgewaschen werden, dann muss ich die Hölzer nicht so lange lagern«, erklärt er. Immer wieder erhält Schumann einen Anruf von Bauern oder Zimmerleuten, die seinen speziellen Bedarf kennen. Sie bieten ihm etwa ein Stück langsam gewachsenen Bergahorn aus dem Hochschwarzwald an, den er für Boden, Hals und Seitenteile, Zargen genannt, der Streichinstrumente verwendet. Die Decke, die Vorderseite, fertigt er aus Fichtenholz. Schon vor dem Bau entscheidet er mit Hilfe der Klopftechnik, welche Hölzer er verwenden will, setzt die Technik bei jedem weiteren Arbeitsschritt ein und kontrolliert so das Klangergebnis.

Bahnbrechend sind die Erkenntnisse der Klopftechnik für den Klang der Instrumente. »Viele Instrumente haben Klangprobleme, sie klingen dumpf oder scheppern gar. Deshalb suchte ich nach einer Möglichkeit, an fertigen Instrumenten klangliche Defizite zu beheben, ohne die Instrumente auseinander zu nehmen«, berichtet der Geigenbaumeister. Unzählige Versuche hat er unternommen. Schließlich stieß er auf Aufnahmen von Stradivari- und Guadagnini-Geigen in Bildbänden alter italienischer Geigenbaukunst, bei denen kleine Stiche im Holz der Geigenschnecke zu sehen waren. Ralf Schumann begann sofort damit, an einfachen Schülergeigen zu experimentieren. »Ich stellte fest, dass ich mit ganz feinen Piksern ins Holz die Klopftöne verändern kann«, sagt er, »ich mache also quasi Geigenakupunktur.« Allerdings lässt Schumann die Nadeln nicht länger stecken, wie es ein Akupunkteur am menschlichen Körper macht, er setzt lediglich feine Stiche ins Holz. Und nur an den Zubehörteilen wie Griffbrett, Steg oder Saitenhalter. Zunächst hielten viele die Methode des Klangexperten lediglich für einen Werbegag. Eine Studie des Musikwissenschaftlichen Instituts der Universität Hamburg bestätigt die Wirksamkeit der Geigenakupunktur. »Sogar die Künstlersozialkasse musste nach einem sechsjährigen Rechtsstreit anerkennen, dass ich zu den Künstlern zähle und mich in die Kasse aufnehmen«, berichtet der Geigenbauer stolz.

Kommt ein Musiker mit seinem Instrument zur Klangabstimmung in die Geigenbauwerkstatt im oberen Münstertal, spielt er zunächst vor und erläutert die klanglichen Probleme. Ralf Schumann sucht die Geige mit Hilfe der Klopftechnik ab und nutzt auch seine eigenen Körperwahrnehmungen, um Hinweise zu finden, wo das Problem liegt. »Ich spüre körperlich, wo ich am Instrument ansetzen muss«, sagt er, »oft stehen mir die Haare zu Berge oder es kribbelt an der Kopfhaut. Dann weiß, ich dass ich mich mit dem Wirbelkasten und der Schnecke befassen muss.« Ein bis zwei Stunden lang braucht Schumann für eine solche Klangabstimmung, die mit fortschreitender Zeit immer feiner wird. Als Pikser benutzt er ganz dünne Zahnarztbohrer. »Für mich ist die Konzentration auf den Klang sehr kraftzehrend, das merke ich meist erst im Nachhinein«, sagt der Geigenbaumeister.

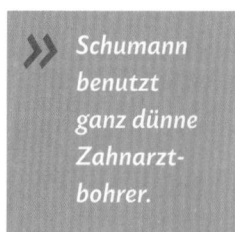

Schumann benutzt ganz dünne Zahnarztbohrer.

Seit Ralf Schumann 2001 mit den Klangabstimmungen begann, hat er über 1000 Instrumente mit seiner Akupunktur klanglich verbessert. Auch so wertvolle Geigen

>> Ich spüre
körperlich,
wo ich am
Instrument
ansetzen
muss.

und Celli wie solche des italienischen Meister-Geigenbauers Antonio Stradivari und andere Instrumente aus dem 17. und 18. Jahrhundert hat er schon ›behandelt‹. Musikerinnen und Musiker aus ganz Deutschland und dem benachbarten Ausland nehmen die Reise in den Schwarzwald auf sich, um ihre Instrumente klanglich einrichten zu lassen. Von Zeit zu Zeit macht der Klangkünstler sich auch selbst auf den Weg nach Hamburg oder nach Berlin, um seine Kunden vor Ort zu treffen. Nicht nur Streichinstrumente wie Geige, Bratsche, Cello, Kontrabass und Bögen hat er erfolgreich behandelt, sondern auch Gitarren, E-Gitarren, Harfen, Klaviere und verschiedene Holz- und Blechblasinstrumente. Mehrmals im Jahr veranstaltet Ralf Schumann Konzerte in seiner Geigenbauwerkstatt. Musiker unterschiedlicher Couleur präsentieren ihre Kunst in der ganz besonderen, intimen Atmosphäre der Werkstatt. Der Klangexperte demonstriert dem Publikum in der Pause direkt am Instrument seine Methode der Klangeinstellung und führt weitere Ergebnisse seiner Experimente wie ein Klangpodest aus Eibenholz

vor. Die Verbesserungen sind tatsächlich auch für Laien deutlich wahrnehmbar.

Heute überarbeitet der Meister das Cello eines Musikers des SWR-Sinfonieorchesters. Saiten und Steg sind abgebaut, Schumann hat das Griffbrett aus Ebenholz abgeschliffen, weil sich dort im Lauf der Zeit Spurrillen und Dellen gebildet haben, die den Klang des Instruments beeinträchtigen. Dann entfernt er den Stimmstock, ein zylinderförmiges Fichtenholzstück, das zwischen Decke und Boden geklemmt ist. Der Stimmstock überträgt die Schwingungen von der Decke des Streichinstrumentes zum Boden. »Der Stimmstock wird als die Seele des Instruments bezeichnet. Auf Italienisch heißt er *anima,* auf Französisch *âme,* also Seele«, sagt Schumann. »Ich drechsle den Stimmstock selbst, weil ich nach akustischen Versuchen festgestellt habe, dass das Instrument so besser klingt.« Wenn alle Überholungs- und Reparaturarbeiten fertig sind, geht es an die Klangeinstellung, also ans Klopfen und Piksen.

4 SCHWARZWALD-POKER – RENAISSANCE DES KULTSPIELS CEGO

Im Schwarzwald trifft man sich in vielen Gemeinden wieder öfter in der Wirt-schaft – zum Kartenspiel. Das traditionelle Kartenspiel Cego mit den Tarock-karten wird immer beliebter, in vielen Orten gibt es offene Cego-Abende, Preis-Cego-Veranstaltungen und natürlich wird jedes Jahr auch der ›Schwarzwald-meister‹ gekrönt.

DONNERSTAGABENDS IST DIE Bude voll im Naturfreundehaus am Fahrenberg in Breitnau. Alle Tische in der gemütlichen Gaststube mit dem grünen Kachelofen sind besetzt. »Fortsoli, Soli, Piccolo, Cego, Halbe« heißt es, wenn die etwa 20 bis 30 Spielerinnen und Spieler reizen. Alt und Jung, Einheimische und ›Neigschmeckte‹, wie die Zugezogenen hier heißen, sind vereint beim traditionellen Schwarzwälder Kartenspiel Cego. Da wird gezockt und gelacht, geschimpft und auf den Tisch geklopft. »Bisch verrückt, wie kannsch du nur Herz bringe«, schimpft einer, am an-deren Tisch freut sich eine Spielerin über ihr gewonnenes Solo, »das war echt knapp«, sagt sie erleichtert, nachdem die Stiche ausgezählt sind.

Cego ähnelt dem französischen Tarot und dem in Österreich noch gespielten Tarock. Es ist ein Spiel für die langen Winternächte und wird

zwischen Martini, dem Martinstag am 11. November, und Ostern gespielt. Daheim, aber vor allen Dingen in Wirtshausstuben. Dank Leuten wie dem Schauspieler Martin Wangler, bekannt aus der Schwarzwaldserie *Die Fallers* des Südwestrundfunks und als Schwarzwälder Urgestein Fidelius Waldvogel, dem Landwirt und Kabarettisten Nikolaus König vom Duo *Bure zum Alange* und Feldberg-Ranger Achim Laber, die schon vor Jahren damit begannen, Cego in Volkshochschulkursen zu lehren, erfährt dieses Spiel seit einigen Jahren eine wahre Renaissance. »Wir drei hatten schon als Schüler einen Cego-Club und haben das Spiel geliebt«, erinnert sich Martin Wangler, »als wir allerdings erwachsen waren, stellten wir fest, dass kaum einer mehr das Spiel kennt.« So beschlossen Wangler, König und Laber, dass sie das Spiel anderen beibringen müss-

ten und boten ihren ersten Volkshochschulkurs im Alten Pfarrhof in Breitnau an. Mit den drei Abenden sind die Grundlagen fürs Schwarzwälder Kartenspiel gelegt. Doch dann braucht es Praxis, denn nur beim Spielen lernt man die vielen Spielvarianten.

Aus allen Richtungen kommen die Spieler ins Naturfreundehaus, hinauf vom Dreisamtal, aus Hinterzarten, Neustadt und anderen Gemeinden. »Der Donnerstagabend ist mein Ausgehabend«, sagt Vani Wankelmuth, die eine kleine Tochter zuhause hat und vor drei Jahren den Cego-Kurs besucht hat. Die Kölnerin lebt seit einigen Jahren im Hochschwarzwald und erzählt lachend, dass ihr als Rheinländerin erstmal keiner zutraut, dass sie das typische Schwarzwälder Kartenspiel beherrscht. Ganz schön laut geht es zu, wenn die Spieler dann so

richtig in ihrem Element sind. »Spielt ihr den Räuber mit oder ohne Regeln?«, fragt einer seine Mitspieler. Jeder Ort spielt nämlich mit leicht abgeänderten Regeln, man muss sich also erst einmal auf gemeinsame Normen verständigen. Wer das Reizen am Tisch gewonnen hat, spielt gegen die anderen. Nach jedem Stich wird abgerechnet, Groschen und der ein oder andere Euro wechseln den Besitzer. An einem Frauentisch sitzen eine Sächsin, eine Pfälzerin, eine Bayerin und eine Schwarzwälderin. »Wir drei Zugezogenen haben vor vier Jahren den Kurs gemacht und dann die Einheimische integriert und ihr Cego beigebracht«, erzählen sie lachend. Das Schwarzwälder Kartenspiel wird mit Tarockkarten gespielt, die neben den üblichen Zahlen- und Bildkarten aus 22 ganz speziellen Trumpfkarten bestehen. Höchster Trumpf ist der ›Gstieß‹. Die Regeln sind recht kompliziert, dies macht jedoch für ausgefuchste Cego-Spieler gerade den Reiz des Spieles aus. Der Name des Spiels kommt übrigens aus Spanien. ›Cego‹ bedeutet ›blind‹, und weist darauf hin, dass man im Laufe des Spiels unbekannte Karten, die ›Blinden‹, aufnimmt.

>> *Jeder Ort hat seine eigenen Regeln.*

Dass die Cego-Gemeinde immer größer wird, liegt auch an der Onlineplattform www.cego-online.de. »Cego wird mittler-

weile von an die 3000 Spielern rund um die ganze Welt online gespielt, schließlich sind die Wälder in der ganzen Welt unterwegs«, schätzt Martin Wangler. Auf der Internetplattform kann man das Spiel in sechs Lektionen lernen. Fidelius Waldvogel alias Martin Wangler erklärt, wie es geht, prüft nach jeder Lektion das Erlernte ab und verschafft so erste Erfolgserlebnisse. Im täuschend echten Schwarzwald-Stüble spielen dann neue und alte Cego-Fans rund um die Uhr. Studenten

der Fakultät Digitale Medien der Hochschule Furtwangen University haben die Cego-Plattform programmiert, der Naturpark Südschwarzwald hat Fördermittel dafür bereitgestellt. In vielen Schwarzwälder Gemeinden und sogar im Rheintal wird wieder Cego gezockt, außerdem finden Turniere statt. Seit 2002 wird eine Cego Schwarzwaldmeisterschaft ausgetragen. Sie besteht aus zwölf Turnieren, wer die meisten Punkte aus den zwölf Turnieren erlangt, wird ›Schwarzwaldmeister‹. Im April 2017 beim Finale kämpften 108 Teilnehmer in der Freiburger Brauerei Ganter mit Gstieß, Mund und Geiß um Punkte für die begehrten Platzierungen im Einzelturnier und für die Rangliste in der Schwarzwaldmeisterschaft. »Da geht's dann schon etwas verbissener zu als beim normalen Cego-Abend. Da wird das Spiel zum Wettkampf. Mein Ding ist das nicht so«, sagt Martin Wangler. Er freut sich allerdings über den Zulauf und die öffentliche Wahrnehmung, die das Kartenspiel wieder gewonnen hat, wenngleich er betont, dass

der Cego-Spieler an sich – wie der Schwarzwälder –, eher einer sei, der nicht so gerne in der Öffentlichkeit stehe.

Anders als beim Skat, zu dem durchaus Ähnlichkeiten bestehen, wird Cego gegen den Uhrzeigersinn gespielt. Am Anfang steht auch beim Cego das ›Reizen‹. Der Spieler neben dem Kartengeber beginnt. Dabei reizt man entweder auf die Karten auf der Hand oder auf die im ›Blinden‹. Bei manchen Spielen tauscht der Spielmacher seine Karten auf der Hand nämlich gegen den Stapel in der Tischmitte aus und geht damit auf volles Risiko. Er kann ja nicht wissen, welche Karten der Blinde enthält. »Fang bloß nicht an zu heulen, deine Kasse ist gut gefüllt«, sagt Martin Wangler zu seinem Mitspieler, als sich bei dem Frust nach einem verlorenen Spiel breitmachen will. Zum Glück bringt der Wirt gerade ein frisches Hefeweizen. Man stößt an, trinkt einen Schluck, einer mischt die Karten und teilt neu aus. Schon hat wieder jeder die Chance auf einen Sieg. »Es ist schon ein unheimlich emotionales Spiel«, sagt ein älterer Spieler, der mit Cego aufgewachsen ist. Er hat es schon gespielt, bevor er überhaupt in der Schule war. Heute sitzt er an einem Tisch mit seinem Sohn, der bereits in den Zwanzigern ist. »Früher habe ich jeden Abend gespielt, da waren wir alle noch jung und unverheiratet und hatten keine Verpflichtungen. Langweilig war's nie«, erinnert er sich. Am Tisch nebenan sitzt Marlon, er ist 14 Jahre alt und damit an diesem Abend der Jüngste. Er hat vor einem Jahr zusammen mit seinem Papa den Volkshochschulkurs gemacht. Und was ist mit der Mama? »Die hat am Cego-Abend ihre Ruhe«, sagen Vater und Sohn unisono.

~

CEGO

www.cego-online.de
Infos zu Regeln, Geschichte, Lernspiel und Onlinespiel

Offener Cego-Abend
Naturfreundehaus in Breitnau im Winterhalbjahr von November bis März, donnerstags ab 19 Uhr

Die genaue Herkunft des Spiels ist unsicher. Der Name wird jedenfalls von lateinisch ›caecus‹ für ›blind‹ abgeleitet. Nach mündlicher Überlieferung sollen es badische Soldaten während der napoleonischen Kriege aus Spanien mitgebracht haben. 1932 wurde für den Atlas der deutschen Volkskunde eine Fragebogenaktion durchgeführt, die unter anderem die Frage enthielt: Welches Kartenspiel spielen die Männer Ihres Ortes am liebsten? Die Antworten, die Cego allein oder neben anderen Spielen nannten, zeichneten dabei überraschend deutlich und vollständig die Landesflächen von Baden und Hohenzollern nach. Lediglich sechs der Orte, in denen Cego überhaupt genannt wurde, liegen in Württemberg, allerdings sämtlich im Grenzgebiet zu Baden. Als Grund wird angenommen, dass badische Soldaten, vor allem aber Beamte und Pfarrer während ihrer Ausbildung in den Garnisonen und Hochschulen das Spiel kennenlernten und daraufhin in alle Landesteile verbreiteten. Da Hohenzollern zum badischen Erzbistum Freiburg gehörte, erklärt sich so das Vorhandensein des Spiels in diesem Nachbarland.

In den 1870er Jahren kam daneben auch Skat auf. Nach einigen Aussagen der Fragebögen von 1932 begann Skat aber vor allem nach dem Ersten Weltkrieg, Cego zu verdrängen.

Quelle: Wikipedia

5 GOTISCHE SPITZBOGEN IM TIEFEN NORDSCHWARZWALD

Eine frühgotische Klosterruine aus rotem Buntsandstein inmitten eines abgelegenen Schwarzwaldtals. Die erwartet man nicht, wenn man auf der kurvenreichen Kreisstraße zwischen Ottenhöfen und Oppenau im Nordschwarzwald fährt. Die imposanten dunkelroten Mauern der Klosterkirche, Teile des Kirchturms und des Kreuzgangs sind alles, was vom früheren Prämonstratenser-Chorherrenstift im Lierbachtal bei Oppenau geblieben ist. Man kann nur ahnen, wie groß und bedeutend das Kloster früher gewesen sein mag. Durch die Fensteröffnungen mit dem gotischen Spitzbogen blickt man in den leuchtend blauen Himmel und auf dunkelgrüne Schwarzwaldtannen.

D AS KLOSTER, HEUTE von Oppenau, Ottenhöfen oder von der Schwarzwaldhochstraße aus gut erreichbar, lag damals im fast undurchdringlichen Wald. Von dort ging die Urbarmachung der umliegenden Täler aus. Um das Kloster siedelten sich Menschen an, die den Wald rodeten, Landwirtschaft und Handwerk betrieben. Es wurde zu einem wichtigen Kristallationspunkt und Zentrum für geistliches Leben und Kultur in diesem Teil des Nordschwarzwaldes. Die Chorherren des Prämonstratenser-Stifts waren als Seelsorger in der Umgebung tätig. Sie leiteten eine Klosterschule, die bis ins 19. Jahrhundert Bestand hatte.

Dank einer bedeutenden Wallfahrt besuchten schon früher viele Menschen Allerheiligen – trotz der einsamen Lage. »Klostergründerin Uta soll eine Verwandte von König Barbarossa gewesen sein, die etwas für ihr Seelenheil tun wollte. Anstatt einen Kreuzzug ins Heilige Land zu finanzieren, hat sie lieber Ende des 12. Jahrhunderts ein Kloster gegründet«, weiß Julia Wohllaib, die als ehrenamtliche Rangerin eine Wanderung von der Klosterruine zu den bekannten Allerheiligen-Wasserfällen führt. Von den Schwarzwaldhöhen fließt der Lierbach, ein unscheinbarer Bach, am ehemaligen Kloster vorbei zu Tal. Nur wenige Höhenmeter unterhalb des Klosters verwandelt er sich zu einem reißenden Wasserfall – den bekannten Allerheiligen-Wasserfällen. Über sieben Stufen fällt der Bach 83 Meter in die Tiefe hinab. Während der gesamten Zeit der Existenz des Klosters von der Gründung 1195 bis zur Aufhebung Anfang des 19. Jahrhunderts im Zuge der Säkularisation waren die Wasserfälle nicht zugänglich. Das sollte sich erst Mitte des 19. Jahrhunderts ändern.

An den Resten der barocken Gartenanlage vorbei, die heute als malerische Kulisse für Hochzeiten im Freien dient, geht es auf dem ›Sagenrundweg‹ auf schmalem Pfad durch stattlichen Mischwald. Ziemlich viel Totholz ist zu entdecken. Die Hänge oberhalb der Wasserfälle werden nicht bewirtschaftet, für eine Waldnutzung sind sie viel zu steil, so unsere Führerin. »Deshalb haben wir hier einen ziemlich natürlichen Wald, mit weitgehend unbeeinflusster Zusammensetzung«, erklärt die Rangerin. »Natur Natur sein lassen«, das ist das Ziel des Nationalparks Nordschwarzwald. In dem erst 2014 eingerichteten Nationalpark kann sich die Natur frei entwickeln, ohne menschliche Eingriffe. Pflanzen und Tiere sind geschützt. Wege und Besuchseinrichtungen werden natürlich

weiter gepflegt. Das Nationalparkzentrum Ruhestein veranstaltet Führungen und Veranstaltungen wie die heutige.

»Wenn wir Glück haben, begegnen wir gleich einem ganz besonderen Tier, einem Wanderfalken, der hier seinen Brutplatz hat«, verspricht
die Rangerin. Über einen schmalen, gut gesicherten Steig erreichen wir
die imposanten Felsen bei der ›Engelskanzel‹. Zum Greifen nah scheint

die riesige Felswand auf der anderen Talseite. Julia Wohllaib zeigt den Nist- und Brutplatzplatz des Falken. Voll Begeisterung berichtet sie von den »unendlich süßen weißen Federbollen«, den kleinen Wanderfalken, die vor wenigen Wochen geschlüpft, aber inzwischen schon flügge sind. »Normalerweise sitzt der Wanderfalke auf einem Totholzstamm oder einer anderen Sitzwarte und fliegt her, wenn er Stimmen hört«, erklärt sie. Mit Fernstecher und Teleobjektiv suchen wir den Nistplatz und genießen die tolle Aussicht. Tief unter uns liegt der Parkplatz mit dem Zugang zu den Wasserfällen, die man bisher allerdings nur hört, aber noch nicht sieht. Auch der Wanderfalke lässt sich leider nicht blicken, schade. »Die Engelskanzel ist quasi das Eingangstor zu den Wasserfällen. Auf einer Strecke von nur 300 Metern fällt das Wasser 100 Meter abwärts«, erklärt die Rangerin, bevor wir weiter Richtung Wasserfall wandern. Ein riesiges Eingangstor begrüßt die Besucher dort. Zunächst plätschert der Lierbach noch als munteres Bächlein dahin, dann wird es zunehmend schluchtiger. Er überwindet kleine und größere Kaskaden, die Menschen wandern auf gut gesicherten Wegen oberhalb des Bachs und bestaunen die üppigen grünen Moose und Gräser. Das Rauschen des Wassers wird immer lauter. Hier und da haben sich kleine Gumpen gebildet, bei großer Hitze ideal für ein erfrischendes Bad samt Whirlpool. Bald sind wir am größten Wasserfall angekommen, riesige Wassermenge stürzen tosend zu Tale. Jetzt geht es nur noch über Treppen immer weiter hinauf. Kaum kann man sich vorstellen, dass die Wasserfälle erst

Anfang des 19. Jahrhunderts mit Leitern erkundet wurden. 1840 baute die Forstverwaltung den ersten Weg, der die Wasserfälle über mehrere Treppen und Brücken begehbar machte. In dieser Zeit kam der Schwarzwaldtourismus auf, und einige schlaue Zeitgenossen erkannten, welch

touristisches Potential die romantische Klosterruine und die mächtigen Wasserfälle zu bieten hatten. Schon 1854 wurde Allerheiligen in den Baedeker-Reiseführer aufgenommen. Etwa um die gleiche Zeit begann die Sicherung der Klosterruine. 1878 besuchte Mark Twain Europa und wanderte auch in

1878 bewunderte schon Mark Twain die Wasserfälle.

Allerheiligen. »Nach dem Abendessen durchwanderten wir das Tal. Es ist wunderschön – eine Mischung aus Waldlieblichkeit und zerklüfteter Felsenwildnis. Ein durchsichtig klarer Gießbach schießt pfeifend talabwärts, und am unteren Ende windet er sich durch einen engen Spalt zwischen hohen steilen Klippen und stürzt dann über eine Folge von Felswänden«, schreibt er in seinem Buch *A Tramp Abroad*.

Wieso wurde das Kloster nach sechs Jahrhunderten aufgegeben? Napoleon verordnete die Aufhebung des Klosters 1802, ein Schicksal, das es mit fast allen Klöstern im Land teilte. Ein Brand im Jahr 1804 setzte den Klostergebäuden zu, Kirchendach und Klausurgebäude wurden schwer geschädigt. Kircheneinrichtung und Altäre wurden an umliegende Pfarreien verschenkt, das Gebäude wurde zum Abbruch freigegeben und als Steinbruch benutzt. »In den umliegenden Kirchen findet man überall Steine vom ehemaligen Kloster«, beschreibt Julia Wohllaib das Stein-Recycling. Zum Glück habe man sich jedoch schon wenige Jahrzehnte später im Zeitalter der Romantik auf den Wert solcher Kulturdenkmäler besonnen und die staatliche Denkmalpflege habe dafür gesorgt, dass die restlichen Bauten – die heutige Ruine – stehen blieben.

Dank der Hinweise der Rangerin entdecken wir dann doch noch zwei Bewohnerinnen der Schlucht: Die schwarze Wasseramsel mit der markanten weißen Brust, die an schnellfließenden, klaren Gewässern lebt, flach über das Wasser schießt und dabei Insekten jagt. Sie ist einer der ganz wenigen Singvögel, die schwimmen und tauchen können. Und die langschwänzige Gebirgsstelze mit leuchtend gelber Brust und Unterseite. Mit ihrem wippenden Schwanz begeistert sie die Gruppe. Der Wanderfalke ist da längst schon vergessen.

6 HARTNÄCKIG UND UNBEIRRBAR – WASSERKRAFT-PIONIERE AUS TODTNAU

Typische Schwarzwälder Sturköpfe, das sind Bernhard und Herbert Kaiser aus Todtnau, beide längst im Rentenalter. Sie setzen seit fast 40 Jahren auf Strom aus Wasserkraft, knüpfen damit an vorindustrielle Zeiten an, betreiben heute neun Wasserkraftwerke und sind Wasserkraft-Pioniere im Südschwarzwald. In einer Zeit, als man auf Atomkraftwerke setzte, entschlossen sich die Brüder für einen anderen Weg. Aus Überzeugung.

WASSERKRAFTWERKE GEHÖREN SEIT der Industrialisierung zum Schwarzwald. »Allein in unserer Heimatstadt Todtnau soll es 1929 etwa 60 kleine Wasserkraftwerke gegeben haben, die den Strom für Bürstenfabriken, Papierfabriken, Skifabriken erzeugt haben«, weiß Herbert Kaiser. Auch die Skifabrik der Kaisers, die Vater Alois Kaiser von 1935 an aufgebaut hatte, wurde mit dem Strom eines kleinen Wasserkraftwerks von zehn Kilowatt und einer Dampfmaschine betrieben. »Es war eine Insel-Lösung«, erinnert sich Bernhard Kaiser, »tagsüber lief die Dampfmaschine und rund um die Uhr die Turbine am Schönenbach. Erst 1980 wurden wir ans Stromnetz angeschlossen.« 1978 kaufte Vater Alois Kaiser ein weiteres, renovierungsbedürftiges Kleinkraftwerk und holte seine beiden Söhne ins Boot. Gemeinsam gründeten sie die Kraftwerke Kaiser KG. Mit der Entscheidung für diese Investition schwamm man damals völlig gegen den Strom. Viele Wasserkraftwerke wurden in den 70er und 80er Jahren stillgelegt, schließlich setzte man in jenen Zeiten auf Atomstrom. »Es ist völliger Blödsinn, noch in Wasserkraft zu investieren, wo wir den billigen Atomstrom haben«, zitiert Herbert Kaiser Äußerungen von zahlreichen Zeitgenossen. Die beiden Brüder haben dennoch mitgemacht. Warum?

»Das war Hobby, andere gehen jagen. Ich hab' halt schon als Kind mit Wasserrädchen gespielt«, meint Bernhard Kaiser, ganz Meister im Understatement. Verdient haben die Brüder lange nicht an ihren Kraftwerken. »Wir machen das zum Klosterbruderlohn«, lautet die Umschreibung. Sie haben vielmehr für den ersten Kredit eine Hypothek von 250 000 DM auf ihr Haus aufgenommen, und es sei schwierig gewesen, den Kredit überhaupt zu bekommen, erklären sie. Die Zeiten haben sich verändert: Beim Wasserkraftwerk am Neumagen zwischen Staufen und Münstertal, das 2015 den Betrieb aufnahm und Strom für 400 Haushalte liefert, finanziert eine Bürger-Energie-Genossenschaft ein Drittel der Investitionssumme, für die Kraftwerkbauer ein neues, aber durchaus attraktives Modell.

»Mir sin' Rentner, mir ham es nicht mehr ganz so streng«, sagt Bernhard Kaiser auf die Frage nach der Betriebsstruktur und dem Firmensitz der Kaiser Kraftwerke KG. Firmensitz ist ein kleines Büro im Wohnhaus von Bernhard und Barbara Kaiser in Todtnau. Mitarbeiter gibt es keine, außer Barbara Kaiser, die ›das Kaufmännische‹ macht. Einen Internetauftritt auch nicht. Sohn Thorsten und die Schwiegertochter arbeiten stundenweise im Betrieb mit und natürlich Bruder Herbert Kaiser, der Mann ›nach außen‹. Die beiden Brüder Herbert und Bernhard Kaiser haben eine feste Arbeitsteilung. Der 73-jährige Herbert Kaiser kümmert sich um Genehmigungsverfahren, Behörden, Öffentlichkeitsarbeit und Finanzierung. Natürlich auch von zuhause aus. Im Hauptberuf war er Realschullehrer für Mathe und Musik. Bernhard Kaiser ist der ›Mann im Hintergrund‹, wie er sich selbst nennt. Er war als Konstrukteur im Maschinenbau tätig und ist für alle technischen Fragen in Sachen Kraftwerksbau zuständig.

Von seinem kleinen Büro aus überwacht, plant und verwaltet Bernhard Kaiser die neun Wasserkraftwerke in Todtnau, Oberried, Kirchzarten und Tegernau im Kleinen Wiesental. 1,2 Millionen Kilowattstunden Strom hat das Wasserkraftwerk am Neumagen 2016 produziert. »Trotz der anhaltenden Trockenheit in der zweiten Jahreshälfte ist das immer noch ein gutes Ergebnis«, sagt Bernhard Kaiser zufrieden. Mit einer Nennleistung der Turbine von 420 Kilowatt und einer Investitionssumme etwa 2,4 Millionen Euro ist es das jüngste, aber bei weitem nicht das größte Wasserkraftwerk im Besitz der Kaiser Kraftwerke. Das größte

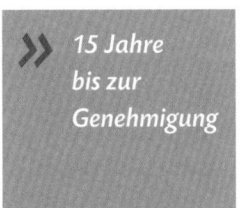

15 Jahre bis zur Genehmigung

der derzeit neun Kraftwerke am Rotbach beim Hirschsprung im Höllental hat eine Leistung von 800 Kilowatt. Und natürlich sind weitere Kraftwerke in Planung, doch das dauert, manchmal viele Jahre.

Herbert Kaiser kann ein Lied davon singen, wie mühsam sich der Grunderwerb

und der Genehmigungsprozess gestalten können. Hartnäckig, unauf-
geregt und gleichzeitig unbeirrbar wie Herbert Kaiser muss man sein,
wenn man sich dem Genehmigungsverfahren für ein Wasserkraftwerk
aussetzt. Und man braucht einen sehr langen Atem. 15 Jahre von den
ersten Kontakten bis zur Umsetzung hat es gedauert, bis schließlich die
wasserrechtliche Genehmigung für das Neumagen-Kraftwerk vorlag.
Herbert Kaiser berichtet von unzähligen Gesprächen mit den beteiligten
Gemeinden, dem Landratsamt, den Grundstückseigentümern und den
Stadtwerken Müllheim-Staufen. Eine ganz besondere Situation habe sich
beim Bau des Wasserkraftwerks am Osterbach bei Kirchzarten ergeben,
berichtet Herbert Kaiser schmunzelnd. Die Ausleitung nach dem Tur-
binenhaus sei auf Privatgrund von Nikolaus von Gayling, dem Besitzer
des Ebneter Schlosses in Freiburg, erfolgt. Den Zugang zum Schloss-
herrn habe er über die Musik bekommen, sagt Kaiser. »Sie komponieren
mir ein Streichquartett, das ich im Schloss aufführen kann, dann bekommen Sie meine Unterschrift«, habe von Gayling gefordert. Man wurde
handelseinig. »Dann hab ich mich halt drei Wochen hingehockt und das
Quartett geschrieben, natürlich war ich dann auch bei der Uraufführung
dabei, und die war ein tolles Erlebnis«, erinnert sich Herbert Kaiser.

7 STEINERNE RÄTSEL IM HOCHSCHWARZWALD

Die einen halten die rätselhaften Steinmonumente für keltische Altarsteine. Die Wissenschaft spricht von unvollendeten Mühlsteinen. Der promovierte Historiker Roland Weis aus Neustadt hat eine andere Theorie: Dieses und die anderen rätselhaften steinernen Monumente in der Nähe des Schluchsees im Hochschwarzwald sind Steindenkmale aus vorchristlicher Zeit.

Ü BER EINE BREITE Steinmauer irgendwo unterhalb einer kleinen Straße muss man klettern, sich dann durch Heidelbeersträucher und ein kleines Wäldchen schlagen. Und die Augen offen halten. Plötzlich steht man – zwischen hohen knorrigen Fichten – vor einer auffälligen Gruppe großer, von Menschhand bearbeiteter Steine. Ein fast mannshoher, gut einen Meter breiter, ovaler Granit steht hinter einem auf dem Boden liegenden Stein, aus dem eine kreisrunde Oberfläche von etwa einem Meter Durchmesser sorgsam herausgearbeitet wurde. »Dieser runde Stein soll ein unvollendeter, weil misslungener Mahlstein gewesen sein«, sagt Roland Weis, »was soll da misslungen sein? Die Rundung stimmt, es gibt keine Risse oder sonstige Mängel. Es gab also keinen Grund, den Stein nicht fertig zu stellen, außer dem, dass es gar kein Mühlstein werden sollte.« In seinem Buch *Magisch – Mystisch – Megalithisch* erklärt Weis ausführlich, wie und wo mittelalterliche Mahlsteine im Südschwarzwald hergestellt wurden und widerlegt die These vom nicht vollendeten Mahlstein. Er hält das Steinmonument für einen ›Sonnenstein‹, einen Altar- oder Opferstein. »Ähnliche Steine gibt es in der Schweiz und im österreichischen Montafon, sie gelten als Visiersteine zur Sternenbeobachtung«, sagt der Historiker. Auch die exponierte Lage auf der vordersten Bergnase mehrere hundert Meter über der Schwarzaschlucht spricht in Weis' Augen für diese These. Direkt hinter dem steinernen Rätsel steht eine etwa 30 Meter hohe Fichte, deren Stamm sich in vier Stämme aufgeteilt hat. Auch etwas Besonderes und vielleicht kein Zufall, so Weis.

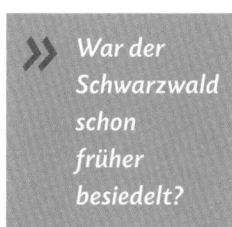

>> *War der Schwarzwald schon früher besiedelt?*

Der Hochschwarzwald, die aus dem Südschwarzwald herausragende Insel um das knapp 1500 Meter hohe Feldbergmassiv, galt lange Zeit als undurchdringbar. Die offizielle Geschichtsschreibung geht davon aus, dass er bis etwa 1000 nach Christus nicht besiedelt war. Erst die frühen christlichen Missionare sollen den Schwarzwald besiedelt und urbar gemacht haben. Allgemein anerkannt ist, dass der Schwarzwald

nicht immer mit dichten Tannen-
wäldern bewaldet war. Vor 5000
bis 8000 Jahren, in Warmzeiten,
herrschte hier ein fast mediterra-
nes Klima. In diesen Zeiten gab es
Völkerwanderungen vom Schwarzen Meer bis nach Mitteleuropa.
Roland Weis vermutet, dass Sip-
pen und Stämme die Donau hoch-
fuhren und einen Weg durch den
Schwarzwald hin zum Hochrhein
fanden. Sie ließen sich womöglich
entlang dieses Weges nieder, siedelten, zogen wieder weiter. Die
rätselhaften Steindenkmale könnten die Spuren sein, die diese Völ-
ker zurückgelassen haben.

Auch die Mauer, die wir beim
Betreten des Wäldchens über-
wunden haben, gibt viele Rätsel
auf: Sie besteht aus gesetzten, häufig tonnenschweren, moosüber-
wachsenen Steinen, hat eine Höhe von einem halben bis zwei Meter
und ist bis zu zwei Meter breit. Diese Mauer windet sich über 12 bis
15 Kilometer durchs Gelände oberhalb der Staumauer des Schluchsees
und endet unten an der Schwarza, dem Fluss, der an der Staumauer des
Schluchsees beginnt. Die Mauer markiert weder Wege noch Bachläufe

oder Siedlungen. An vielen Stellen zerfallen oder zerstört, verläuft sie abseits aller Wege, im scheinbar ziellosen Auf und Ab. Die Mauer könnte einen ›heiligen Bereich‹ abgegrenzt haben, meint Roland Weis, denn ihm fällt auf, dass man in der Nähe dieser Mauer auf eine Vielzahl mysteriöser Steinbauten stößt. »Verfolgt man die Mauer durch Unterholz und Gestrüpp, landet man exakt bei jenem riesigen Monolithen auf der Wiese, der als ›Schalenstein‹ die Fantasie so vieler Besucher beflügelt«, erklärt Roland Weis.

Die offizielle Erklärung, die Mauer diene als Grenzmauer zwischen Weideland, Feldern und Wald, als Umfriedung der Grundstücke oder zur Abgrenzung von Gärten lässt Weis nicht gelten. Eine andere Erklärung spricht davon, es handele sich um ›Lesesteine‹, die aus dem Weg geschafft wurden, um steinfreie Wiesen zu schaffen. Eine Theorie, die schon beim bloßen Hinschauen auf unzählige Steine, meist eiszeitliche Findlinge auf den Wiesen, ad Absurdum geführt wird. »Die Mauersteine sind eindeutig gesetzt. Warum sollten die Erbauer sich die Mühe gemacht haben, die tonnenschweren Steine so kunstvoll zu setzen, wenn sie nur die Wiese frei räumen wollten?«, fragt sich Roland Weis. Da müssen seiner Ansicht nach höhere, nämlich spirituelle Ziele verfolgt worden sein.

Als nächstes führt Roland Weis wieder in die Zivilisation, genauer gesagt ins Neubaugebiet von Blasiwald, einer Streusiedlung an der Südseite des Schluchsees. Hier befindet sich das wohl bekannteste Steinrätsel im Hochschwarzwald – die Steinkreise ›Eisenbreche‹. Dabei handelt es sich nicht um zwei komplette Kreise, sondern um zwei Bögen, die sich im Abstand von etwa drei Metern gegenüberliegen. Der bessere erhaltene Halbkreis wird von einer fast 80 Meter langen Mauer gebildet, die auf einer kleinen Anhöhe steht. Große Steinblöcke, manche bis zu 1,80 Meter hoch, sind akkurat zu einer Mauer aufgeschichtet. Direkt angrenzend stehen zwei Neubauten, die das Gesamtensemble der Steinkreise empfindlich stören. »Leider spürt man jetzt nicht mehr die mystische Stimmung, die früher bei den Steinkreisen für fast jeden spürbar war«, sagt Roland Weis und erinnert daran, dass die Steinkreise im Wald standen. Vermutlich seien die Steinkreise steinzeitlich oder keltische Kultstätten gewesen, meint der Historiker. Diese Sichtweise teilt er mit Heimatforschern und Grenzwissenschaftlern, das Landesdenkmalamt hingegen hält die Steinkreise für Zeugnisse der Urbarmachung des Geländes aus dem 14. Jahrhundert. Die Kreise sollen eine Viehweide eingegrenzt haben. »Wenn man die Bögen zu einem Kreis weiterführt, kommt man auf einen Durchmesser von 38 Metern, viel zu klein für eine Viehweide und der Aufwand viel zu hoch«, urteilt Weis und verweist

zusätzlich darauf, dass das Vieh auf den Weiden über Jahrhunderte von Hirtenjungen beaufsichtigt wurde.

Szenenwechsel. Etwa 500 Meter Luftlinie entfernt, auf der gegenüberliegenden Talseite führt Roland Weis bei einem an der Straße aufgestellten hoch aufragenden Steinkreuz steil hinab zu einem ganz anderen Rätsel. Riesige Felsen sind hier übereinander getürmt, jetzt ist Klettern angesagt. Plötzlich tut sich direkt vor uns eine ziemlich schmale, etwa drei Meter tiefe und sechs Meter lange Kluft auf. Sie ist mit Moos bewachsen und sieht aus, als habe man sie akkurat aus dem Fels herausgeschnitten. Die Wände stehen senkrecht, an den Stirnseiten schließt jeweils ein eineinhalb Meter breiter Schlussstein die Kammer ab. Einige Meter weiter unten finden wir eine zweite und eine dritte Kammer. Vermutlich lag jeweils ein Deckstein auf den Kammern. Weitere 30 Meter tiefer liegen zwei jeweils sechs Meter lange und zwei Meter breite Riesensteine. Das könnten die Decksteine sein, meint Roland Weis. »Dies alles ist auch mit viel Fantasie nicht plausibel zu erklären. Ich glaube, das sind Grabkammern hochrangiger Persönlichkeiten, deshalb nenne ich die Kammern ›Königskammern‹«, sagt Weis. Schade, dass Steine nicht sprechen und nicht wie organisches Material datiert werden können.

8 EIN PARADIES FÜR ALTE OBSTSORTEN

Was bringt einen dazu, mehr als 550 verschiedene Obstsorten anzubauen und über 1400 Bäume zu pflanzen? Die Liebe zum Kulturgut Obst und der Wunsch, Streuobstwiesen zu erhalten, sagt Martin Geng.

DAS PARADIES LIEGT im mittelalterlichen Städtchen Staufen im Markgräflerland in der Vorbergzone des Südschwarzwaldes. 2000 Bäume stehen locker verteilt in blühenden, von Bienen und Insekten bevölkerten Blumenwiesen. An jedem Baum hängt ein roter Blumentopf, auf dem der Sortenname steht und in dem Ohrenkneifer nisten. Die Insekten mit ihren gefährlich aussehenden Zangen am Hinterteil ernähren sich von Blattläusen und Insekten und dienen damit dem biologischen Pflanzenschutz. Auf einer Fläche von zehn Hektar kultivieren Martin und Susanne Geng mit ihrem Sohn Johannes 70 Obstarten, Kultur- und Wildobst wie Äpfel, Zwetschgen und Holunder. Der Schwerpunkt liegt auf alten Sorten. Die Gengs pflegen etwa 600 alte Obstbäume auf Streuobstwiesen, die meisten davon Hochstämme mit ausladenden Kronen. Dazu haben sie 1400 Bäume neu gepflanzt, die meisten davon alte Sorten. Damit gibt es im Obstparadies mehr als 550 Obst- und Beerensorten.

Alte Apfelbaumsorten sind Hochstämme, sie stehen auf Streuobstwiesen, die früher doppelt genutzt wurden: als Viehweide und als Obstwiese zur Eigenversorgung mit Frischobst, sowie zum Saftpressen und Schnapsbrennen. Egal ob im Frühjahr, wenn die Bäume blühen, oder im Herbst, wenn bunte Blätter leuchten, aus dem Landschaftsbild Südbadens sind die Streuobstwiesen nicht wegzudenken. Ihr Bestand in Baden-Württemberg ist seit 1965 um die Hälfte zurückgegangen.

Die größte Obstanlage, ein Gelände von 55 000 Quadratmetern (5,5 Hektar) liegt in der Nähe der Staufener Burg, mit herrlichem Blick auf Kaiserstuhl, Rheinebene und Vogesen. »Die Artenvielfalt ist mir sehr wichtig. Alte Sorten sind ein Kulturgut. Es geht um die Vielfalt von Geschmack, Aussehen und Verwendungsmöglichkeiten«, sagt Martin Geng, »das Wissen um die Kultivierung dieser Sorten geht zunehmend verloren.« Insgesamt wachsen 240 Apfelsorten, 70 Birnensorten und

mehr als 40 Pflaumen- und Zwetschgensorten im Obstparadies, dazu Kirschen, Pfirsiche, Nektarinen, Aprikosen, Kiwis und Feigen.

Martin Gengs Lieblingsapfelsorte ist der Gravensteiner, die von Susanne Geng die Goldparmäne. »Mit den Äpfeln ist es wie mit dem Wein, es gibt ein großes Geschmackspektrum: süß, süßsauer, sauer, herb, weinsäuerlich, zimtig und eine ganz unterschiedliche Ausprägung der Frucht-

säuren, der Festigkeit und der Saftigkeit. Das Fruchtfleisch hat verschiedene Farben, von weiß über gelblich, rötlich bis grünlich«, weiß Martin
Geng. »Alte Sorten sind deshalb die bessere Wahl, weil man sie nicht
spritzen muss. Was heute als Tafelobst gekauft wird, ist alles gespritzt,
auch Bio-Äpfel. Die sind allerdings mit natürlichen Mitteln behandelt,
denn ohne Spritzen geht es nicht, wenn man optisch einwandfreie

gesunde Äpfel guter Qualität produzieren möchte und einen hohen Ertrag haben will«, führt er weiter aus. Was in Gengs Obstparadies geerntet wird und optisch nicht als Tafelware zu verkaufen ist, wird zu sortenreinen Säften, Trockenobst, Likören, Sirup und Fruchtaufstrichen weiterverarbeitet. Alte Sorten sind weniger anfällig gegenüber Klima- und Wetterkapriolen. Sie kapseln beispielsweise Hagelschäden gut ab und wachsen weiter, während manche moderne Sorten innerhalb weniger Tage faulen. Auch Trockenheit überstehen die Bäume besser, sie sind weniger anfällig für Schädlingsbefall und ihre Früchte lassen sich länger im Naturkeller ohne energieintensive Kühlung lagern. »Es gibt noch einen sehr interessanten Aspekt bei den alten Apfelsorten«, erklärt der Landwirt, der inzwischen auch als Pomologe, also als Sachverständiger für alte Obstsorten, anerkannt ist. »Viele alte Apfelsorten werden von Menschen mit Apfelallergie gut vertragen. Das sind nach unseren Erfahrungen beispielsweise Alkmene, Gravensteiner, Jonathan, Prinz Albrecht von Preußen und einige andere. Bis zu vier Millionen Menschen sollen in Deutschland von dieser Allergie betroffen sein. Sie bekommen Bläschen auf der Zunge oder die Schleimhäute schwellen an.«

Zurück ins Paradies: An den Rändern des Geländes verzücken im Sommer unzählige Rosensträucher Auge und Nase der Betrachter. Hier haben die Gengs Wild- und Duftrosenhecken aus über 80 Rosensorten gepflanzt, ebenso Fliederhecken aus 15 verschiedenen Sorten. Flieder? Den kennt man doch nur in der Vase. Nicht so im Obstparadies. Hier ist der duftenden Strauch Grundlage für Fliedersirup und natürlich für Fliederlikör. Ein Auszug von einer Duftrose verleiht dem Fruchtprickler Apfel-Rose seine ganz besondere Note. Sortenvielfalt gibt es auch bei Walnussbäumen (20 Sorten) und Haselnussbüschen (zehn Sorten).

Wildobstarten wie Mehlbeere, Eberesche, Speierling, Sanddorn und Zibarte bieten nicht nur Vögeln Schutz und Nahrung. Ihre Blüten und Beeren mögen auch die Menschen. Aus ihnen werden Fruchtaufstriche, Gelees und Liköre. Alles nach den strengen Richtlinien des Bioland-Verbandes. Das bedeutet: keine chemisch-synthetischen Spritzmittel, keine Gülle und kein chemischer Dünger. Steinhaufen und Totholzansammlungen sind Lebensraum für Wiesel, Eidechsen, Erdkröten und Insekten. Auf dem Gelände verteilt sorgen zwölf Bienenvölker für die Bestäubung der Blüten. Bewässert wird das Gelände mit eigens angelegten Teich-Biotopen, die durch Oberflächenwasser gespeist werden. Hier tummeln sich im Sommer Libellen und allerhand Wassergetier.

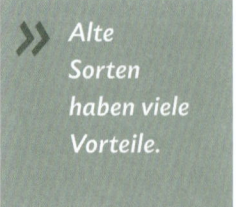

» **Alte Sorten haben viele Vorteile.**

Verarbeitet und verkauft wird das Obst auf dem Gelände des Zentrums für Baubiologie und Ökologie, einem Ökozentrum am Rand des Staufener Gewerbegebiets und auf dem Staufener Markt. Im Sommerhalbjahr gibt es zudem regelmäßige Führungen durchs einzigartige Paradies. Elf verschiedene sortenreine Apfelsäfte aus alten Apfel- und Birnensorten gehören genauso zum Sortiment wie Paradies-Prickler, alkoholfreie Saft-Kompositionen als Sekt-Alternative im edlen Gewand. Susanne Geng ist in erster Linie für die Verarbeitung der Beeren und Früchte zuständig. »Wenn man einmal anfängt, kommen immer mehr Verwendungsideen«, erzählt sie. So ist es nicht verwunderlich, dass sie mit den Früchten Likör angesetzt hat, 48 verschiedene Sorten mit so exotischen Spezialitäten wie Ebereschen-Likör, Wildpflaumen-Likör und Rotklee-Likör. Außerdem stellt Susanne Geng Fruchtaufstriche her und kocht Früchte wie Mirabellen und Pflaumen ein. Die Fruchtaufstriche werden mit Bio-Rohrzucker und Apfelpektin zubereitet und enthalten deutlich mehr Frucht und weniger Zucker als herkömmliche Konfitüren.

Martin Geng, gelernter Zimmermann und Bautechniker, hat schon mehrere erfolgreiche Unternehmen aufgebaut. »Ein Zeckenbiss und eine sich anschließende Borreliose mit chronischer Gelenkentzündung haben mich vor einigen Jahren völlig aus der Bahn geschmissen«, erzählt er. Anstrengende Reisen und viele Stunden am Schreibtisch waren anschließend nicht mehr drin. Deshalb stand eine komplette Neuorientierung an. Zwei Aspekte kamen bei der Entscheidung für den Aufbau des Obstparadieses zusammen: Familie Geng hatte schon immer Obst zum Eigenverbrauch getrocknet. Häufig verschenkten sie von diesem Trockenobst an Freunde. Und genauso häufig wurden sie gefragt, ob man das auch kaufen könne. Martin Geng machte zudem bei der Arbeit im Garten die Erfahrung, dass sie ihm trotz seiner körperlichen Einschränkungen gut tat. So kam eins zum anderen und die neue Geschäftsidee war geboren. Dass sie erfolgreich ist, belegt nicht nur der Landesnaturschutzpreis, den das Staufener Obstparadies 2015 erhalten hat.

9 EIN HOCHSCHULORT DER ANDEREN ART — DIE STOHRENSCHULE AUF DEM SCHAUINSLAND

Mit 13 Schülern der Klassen eins bis vier ist sie eine richtige Zwergschule. Die Stohrenschule auf dem Schauinsland gilt als die höchstgelegene Schule Baden-Württembergs und verdankt ihre Existenz der besonderen Lage auf knapp 1000 Metern im Südschwarzwald.

WENN DAS RHEINTAL im Herbst und Winter tagelang im Nebel versinkt, scheint oben auf dem Schauinsland bei Freiburg im Südschwarzwald häufig die Sonne. Wie in einer anderen Welt leben dann die 80 Einwohnerinnen und Einwohner in 25 lose verteilten Gehöften im Münstertäler Ortsteil Stohren, auf einer Höhe zwischen 900 und 1180 Metern, etwa zehn Kilometer von der Ortsmitte entfernt. Wenn allerdings die Herbststürme über die Schwarzwaldberge fegen, dann sind die Menschen hier oben der Natur unmittelbar ausgesetzt und verkriechen sich gerne in die Schwarzwaldhöfe mit den mächtigen, tief hinab gezogenen Dächern. Zu erreichen ist der Stohren vom Hauptort Münstertal nur über eine sehr enge Straße mit 18 Prozent Steigung und vielen Haarnadelkurven. Wer die Strecke nicht kennt, schaltet öfter mal in den ersten Gang und hält bei Gegenverkehr gerne am Straßenrand an. Der Tatsache, dass diese Straße im Winter oft schneebedeckt,

vereist und damit von keinem Schulbus zu bewältigen ist, der die Schulkinder ins Tal bringen könnte, verdankt die Schule ihre Existenz. Wer es die steile Straße hinaufgeschafft hat, sieht die Stohrenschule gleich links neben dem Sepplehof liegen. Das Schulhaus im schwarzwaldtypischen Stil wurde 1954 erbaut, nachdem das alte Schulhäusle zu klein geworden war. Zwei Klassenzimmer und eine Lehrerwohnung, in der

Schulleiterin Ute Rößer wohnt, das ist die ganze Schule. Unterhalb der Schule liegen der Schulgarten und ein Sportplatz, dem Berg abgerungen.

Sehr persönlich geht es in der Minischule zu, kein Wunder bei gerade einmal 13 Kindern und nur zwei Lehrerinnen, Ute Rößer und Cosima Blassmann. Heute findet der Deutschunterricht für alle vier Klassen gemeinsam statt, in der Regel werden jedoch Deutsch und Mathe in zwei Altersgruppen unterrichtet. »Kommt mal alle leise in einen Kreis«, fordert Lehrerin Cosima Blassmann die Kinder auf. »Wir sprechen Wörter, machen für jede Silbe einen Schritt nach rechts und malen mit der Hand einen Schwungbogen in die Luft.« Los geht es mit ›Ro-si-ne‹, je ein Schritt und ein Bogen mit der Hand pro Silbe. Die Kinder nennen lange Wörter wie ›To-ma-ten-sa-lat‹ und ›O-ran-gen-saft‹ und zählen die Silben. »Un, deux«, sagt Erstklässlerin Rebecca, als gezählt wird, wie viele Silben das Wort ›Schwalbe‹ hat. Die französische Sprache gehört zum Schulalltag, wie die Partnerschaft mit der Schule in Illhaeusern im Elsass. Dann dürfen Dritt- und Viertklässler die Wörter an die Tafel schreiben und die Schwungbögen unter die Silben malen. Die Erst- und Zweitklässler holen ihr Deutschbuch heraus, jedes Kind bekommt von der Lehrerin eine eigene Aufgabe zugewiesen.

›Familienklasse‹ nennt sich die Klasse, in der die sieben Mädchen und sechs Jungen der ersten bis vierten Klasse gemeinsam unterrichtet werden. »Dieses Jahr haben wir vier Erstklässler aufgenommen. Es ist faszinierend zu beobachten, wie die sich in den ersten Monaten entwickelt

haben«, sagt Schulleiterin Ute Rößer, »durch das gemeinsame Lernen
mit den Großen können wir mit ihnen schon viel schwierigere Themen
behandeln, als in reinen Erstklässler-Klassen.« Ihre Kollegin Cosima Blassmann ergänzt: »Wir haben gerade ein Naturbuch gebastelt. Die Großen
haben Infos über Zugvögel gesammelt und jeweils eine Seite gestaltet,
die Kleinen haben sich einen Vogel ausgesucht, ihn gemalt und dann nur
den Namen dazu geschrieben. Mit Herzblut beteiligt waren alle.«

Seit Herbst 2012 leitet die 46-jährige Ute Rößer die Schule. Sie hat die
Lehrerwohnung bezogen und gehört damit auch zum ›Bergvolk‹, wie
sich die Stohrener gerne nennen. Wer hier oben wohnt, muss mit dem
Alleinsein zurechtkommen, besonders im Winter. »Nicht jeder hat ein
Auto mit Winterreifen und traut sich bei schneebedeckter und womög-
lich vereister Fahrbahn den Berg hinauf«, weiß Ute Rößer aus Erfahrung.
Die gebürtige Berlinerin hat sich der Herausforderung gestellt und wurde
von Anfang an von den Einheimischen gut angenommen. »Und das,
obwohl ich kein Alemannisch kann«, sagt Rößer schmunzelnd, »meine
Vorgänger, das Lehrerehepaar Kroschel, waren 38 Jahre an der Schule.«

Die Themen Garten, Natur und Vögel liegen ihr sehr am Herzen. »Kinder sind so wissbegierig, offen und begeisterungsfähig. Wir sind hier oben nah an der Natur. Dinge, die uns täglich begegnen, nutzen wir für den Unterricht.« Da zur Schule auch steile Wiesen gehören, betreuen die Schulkinder seit ein paar Jahren vier Schafe. Die Kinder kümmern sich um die Schafe, füttern und tränken sie. Die Schafe müssen natürlich auch geschoren werden. Grund genug, das Projekt *Von der Wolle*

zum Schaf zu starten. Kurz vor den Sommerferien wird nun die zuvor gewaschene und gekämmte Wolle versponnen. Nachbarin Bathseba Gutmann zeigt den Schülern, wie das geht. Sie hat extra ein Spinnrad bei ihrer früheren Schule ausgeliehen. Als Waldorfschülerin hat sie das Spinnen gelernt. Zusammen mit einem eher an eine Antiquität erinnernden Spinnrad aus dem Fundus der Stohrenschule und einem weiteren Rad stehen damit drei Spinnräder auf dem Hof der Schule. Um die Spinnräder versammeln sich die Kinder der Klassen eins bis vier. Bathseba Gutmann führt vor, wie es geht: Das Spinnrad in die richtige Richtung in Schwung setzen, mit dem Fuß vorsichtig das Pedal auf- und abbewegen, gleichzeitig ein kleines Stückchen vom Wollflies zupfen und an den Anfangsfaden aus Baumwolle anlegen. Wenn alles klappt, wird der Wollfaden auf die Spindel aufgezogen, aus dem Flies wird durch das Drehen der Spindel ein Faden. Was einfach aussieht, entpuppt sich schnell als ganz schön schwierig. Zuerst üben die Kinder, das Pedal zu

» *Die Schule bringt Leben und Segen.*

bedienen. Das gelingt nach kurzer Zeit. Der Faden allerdings reißt ganz leicht, immer wieder muss er neu eingefädelt werden. Das Geduldsspiel beginnt von vorne. Im neuen Schuljahr dann wollen die Kinder mit der selbst gesponnenen Wolle weben oder häkeln.

Zum Einzugsbereich der Schule gehört auch der benachbarte Weiler Hofsgrund, ein Ortsteil der im Dreisamtal gelegenen Gemeinde Oberried. Die Hälfte der Schulkinder wohnt dort. Auch einige Kinder aus Münstertal besuchen die Schule. Für ihre Eltern ist klar, warum sie ihr Kind in die Schule auf dem Berg schicken: »Eine kleine Schule ist einfach schöner für die Kinder. Für uns ist es wichtig, dass die Lehrerinnen hier ganz individuell auf die Kinder eingehen können«, sagen Anja und Georg Auer, deren Kinder Elisabeth, Jonathan und Leander die erste, dritte und vierte Klasse besuchen. »Die Kinder lernen hier mehr als Lesen, Schreiben und Rechnen. Sie werden Allrounder, lernen Flöte und Psalter spielen, üben sich im Präsentieren. Ihr Selbstbewusstsein wird enorm gestärkt. In der Familienklasse lernen die Kinder voneinander. Die Großen wiederholen den Stoff, ohne es zu merken, indem sie den Kleinen etwas erklären«, so Anja Auer, »und die Kleinen profitieren davon, dass Kinder anders erklären als Lehrer.«

Eine große Rolle an der Schule spielt die Musik: Klasseninstrument ist der Psalter, jedes Kind lernt ihn zu spielen. Das dreieckige Streichinstru-

ment ist schnell zu erlernen. Über dem hölzernen Resonanzkasten sind die Saiten gespannt, jede Saite entspricht einem Ton. Sie werden mit dem Bogen gestrichen, nicht gezupft. »Der Psalter ist ein tolles Klasseninstrument«, sagt Cosima Blassmann, »es kann leicht erlernt werden. Die Töne klingen rein, sie quietschen nicht so wie die Flötentöne.« Bei der Weihnachtsfeier der Stohrenschule wird deutlich, welch wichtige Funktion die Schule für die Menschen auf dem Berg hat: Das Schulhaus platzt aus allen Nähten, Alt und Jung ist versammelt, Kinder, Eltern, Großeltern. Die Stohrenbewohner sind fast alle ehemalige Stohrenschüler, bis vor wenigen Jahren konnten sie an der Schule den Hauptschulabschluss machen. Lehrerin Cosima Blassmann war auch Stohrenschülerin. Sie ist sogar im Schulhaus aufgewachsen: Ihre Eltern, das Lehrerehepaar Renate und Benno Kroschel, haben die Schule geprägt, über all die Jahre den Singkreis weitergeführt und das Kammerorchester Stohren gegründet. »Die Schule bringt Leben und Segen an diesen Ort«, sangen die etwa 15 Mitglieder des Singkreises bei der Amtseinführung der neuen Schulleiterin. Bis jetzt macht das Kultusministerium mit. Hoffen wir, dass das so bleibt.

10 DER TRÜFFELPIONIER – WIE DER TRÜFFEL AN DEN TUNIBERG KAM

Ökowinzer Heinrich Gretzmeier aus Merdingen ist immer für verrückte Projekte zu haben. Deshalb wachsen seit einigen Jahren Trüffelbäume neben seinen Rebstöcken. Zusammen mit Trüffelhund Alba macht sich Gretzmeier im Sommer regelmäßig auf Trüffelsuche – und wird immer öfter fündig.

HEINRICH GRETZMEIER ÖFFNET die Beifahrertür seines Weinberg-Autos. »Komm Alba, jetzt geht's ans Trüffeli-Suchen«, sagt er mit sanfter Stimme und lockt den kleinen weißlockigen Hund in seinen alten vw Golf. Alba legt sich in den Fußraum, hier ist ihr Platz, hier fühlt sie sich wohl. Mitfahrer müssen auf die Rückbank, denn Alba ist die wichtigste Person im Auto, ohne sie geht nichts. Schon gar keine Trüffelsuche. Langsam fährt Gretzmeier durch die Weinterrassen des Tunibergs, des kleinen Bruders des Kaiserstuhls bei Freiburg. Die Rebflächen des Ökowinzers Gretzmeier sind verteilt rund um den malerischen Ort Merdingen. Hier wächst Weißburgunder, dort Grauburgunder und daneben Spätburgunder, der Tuniberg ist für seine hochwertigen Burgunderweine berühmt. Gretzmeier hält bei einer Grauburgunderanlage an. Direkt daneben, die Trüffelbaumplantage: ein kleiner Acker mit jungen Eichen und Haselnüssen, manche mannshoch, manche kleiner. »Alba, sucha, sucha, das Trüffeli, sucha, sucha, Alba«, fordert der Winzer seinen Hund der italienischen Rasse ›Lagotto Romagnolo‹ auf.

Was Gretzmeier da in seinen Weinbergen macht, ist in Deutschland verboten. Lange meinte man, die unterirdisch wachsenden Pilze, die in Symbiose mit Bäumen leben, wüchsen nur wild. Wilde Trüffel sind selten, sie stehen deshalb unter Naturschutz. Seit es jedoch möglich ist, heimische Baumarten wie Eiche, Buche und Haselnuss mit deutschem Trüffel zu beimpfen, kann einer wie Winzer Heinrich Gretzmeier ganz legal in seinem Weinberg Trüffelbäume anbauen und – wenn alles klappt – nach fünf bis sieben Jahren die ersten eigenen Trüffel

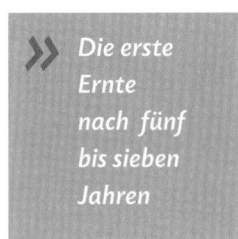

» Die erste Ernte nach fünf bis sieben Jahren

ernten. Beim Impfen wird das Wurzelsystem jedes einzelnen Baumes mit den Sporen des Trüffels in Verbindung gebracht. Trüffelsorten wie der Burgundertrüffel, der weiße Trüffel und der Perigordtrüffel gelten als Delikatesse und zählen zu den teuersten Lebensmitteln der Welt. Für die Ernte allerdings braucht Gretzmeier Hilfe – und so kam Alba kurz vor Weihnachten 2015 ins Hause Gretzmeier. Und das, obwohl Heinrich Gretzmeier Zeit seines Lebens Angst vor Hunden hatte.

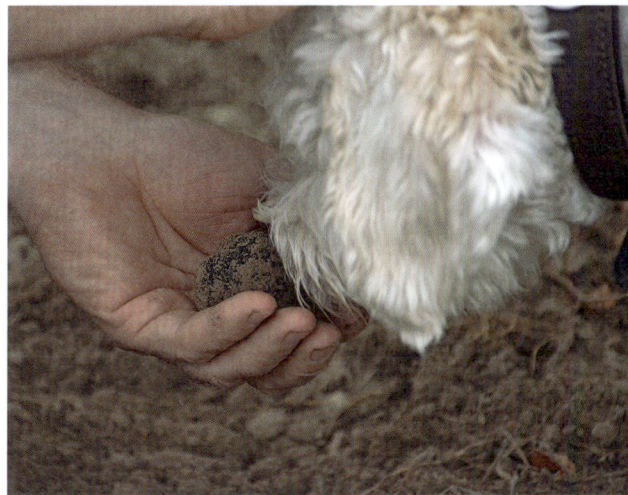

Alba rennt zu einer Eiche, schnüffelt rund um den Stamm und streicht ganz vorsichtig mit der Pfote über die helle Erde. Bevor sie jedoch zu graben anfängt, ist Gretzmeier schon da, und lockert den Boden ganz vorsichtig mit einer dreizinkigen Gabel. Er weiß, wonach er sucht und tatsächlich, er wird fündig und gräbt eine Knolle aus. »Super, Alba, super«, sagt er und streichelt den Hund. Der rennt sofort weiter, schnüffelt hier und da, doch einen Trüffel zeigt er in dieser Plantage

nicht mehr an. Wie er auf die Idee kam, kleine Trüffelbaumplantagen in seinen Weinbergen anzubauen? Begonnen habe alles in einer weinseligen Nacht in Burgund nach einer Weinverkostung, schmunzelt der Winzer. Beim Verlassen des Weinguts stand da ein Tisch mit kleinen Bäumchen, Eichen und Haselnusssträuchern. Das wären Bäume, unter denen Trüffel wachsen würden, erklärte man ihm. Leichtfertig habe er gesagt, er nehme mal fünf Stück, und sich dann nicht getraut zurückzuziehen, als er 250 DM dafür berappen musste. Zuhause fing Gretzmeier an, sich mit dem Thema Trüffel zu beschäftigen und pflanzte die Bäumchen an ein freies Plätzchen in den Reben. Und er fing Feuer. Machte sich auf nach Alba im Piemont, ins Burgund und die Provence, immer auf der Suche nach neuen Infos über die wertvolle Knolle. »Trüffel und Wein passen bestens zusammen, beide sind was sehr Edles, sind in meinen Augen sehr wertvolle Lebensmittel. Mit geht es nicht darum, Trüffel zu verkaufen. Mit den Trüffeln hole ich die Leute zu mir auf den Hof«, sagt er und seine Augen leuchten. »Eigene Trüffel kombiniert mit einem Glas Chardonnay oder Spätburgunder, das passt hervorragend. Ich stelle mir eine Wanderung durch die Weinberge vor, anschließend eine Weinprobe und dazu ein Stück Brot mit Trüffelbutter oder ein paar Nüdelchen mit Trüffelsoße«, schwärmt Gretzmeier.

Inzwischen muss der Winzer die Trüffelbäume nicht mehr in Frankreich kaufen. Als ein italienischer Trüffelhund in einem Waldstück bei Freiburg Trüffel fand, weckte das bei Forstbotaniker Ludger Stobbe und seinem Kollegen Ulrich Sproll den Forschergeist. Sie kartierten wilde

Trüffelvorkommen in der Region und experimentierten mit Bäumen, die sie mit Trüffelsporen geimpft hatten. Die Freiburger Forscher züchteten Trüffelbäume mit heimischen Trüffelsorten, die mit den Boden- und Klimaverhältnissen in Deutschland besser zurechtkommen. Am besten geeignet sind Stieleiche, Buche und Haselnuss, die mit dem Burgundertrüffel (›Tuber uncinatum‹) geimpft werden. Heute sind die beiden Forscher Inhaber des Unternehmens *Deutsche Trüffelbäume* und züchten und vertreiben die Bäume in Radolfzell am Bodensee.

Weiter geht es durch die Weinberge. Zwischen Blühstreifen, am liebsten versteckt und unauffällig, hat Gretzmeier viele kleine Trüffelbäume gepflanzt. Dabei experimentiert er nicht nur mit unterschiedlichen Bäumen wie Eichen, Buchen und Haselnusssträuchern, sondern auch mit der Art der Bewirtschaftung. Einer wie Heinrich Gretzmeier braucht immer wieder neue Projekte und Ideen. Der kann sich nicht einfach auf seinen Erfolgen ausruhen. Und die gibt es in großer Zahl, wenn man bedenkt, dass der junge Winzer den Betrieb vor 30 Jahren mit einer Fläche von 50 Ar von seinem Vater übernommen hat, als einer der Pioniere auf ökologische Wirtschaftsweise umgestellt und zu einem renommierten Öko-Wein- und Sektgut mit gut gehender Straußwirtschaft ausgebaut hat. Mit Mitte 50 hat er die gesamte Verantwortung für die Arbeit im Weinkeller an Sohn Jakob abgegeben. Die Arbeit im Weinberg und das Brennen hochwertiger Spirituosen liegt weiterhin in Heinrich Gretzmeiers Hand.

Zurück zu den Trüffelplantagen im Weinberg: Auf einem Streifen lässt er das Gras wachsen und mäht erst, wenn es relativ hoch steht, einen anderen Streifen bearbeitet er mit einer eigens für diesen Zweck selbst konstruierten Maschine, die den Boden unkrautfrei hält. Die Trüffel wachsen im Schattenbereich der Bäume. Fünf bis sieben Jahre dauert es, bis die Bäume den Trüffelpilz bei der Bildung der Fruchtkörper unterstützen können. Danach bilden sich während der Trüffelsaison von Juli bis Februar stetig neue Fruchtkörper. »Natürlich sind nicht alle Böden als Trüffelstandort geeignet«, weiß Gretzmeier, »unser kalkhaltiger Tunibergboden ist gut geeignet. Gut belüftet und entwässert muss der Boden zudem sein.« Burgundertrüffel, auch Sommertrüffel genannt, sind die heimischen Trüffel in Deutschland, deshalb sind die meisten Trüffelbäume, die Gretzmeier gepflanzt hat, auch Wirtsbäume der Sorte ›Tuber uncinatum‹. Trotzdem hat der Winzer vor sechs Jahren auch einige Bäume mit dem schwarzen Perigordtrüffel gepflanzt, im Ertrag sind die noch nicht. »Die Perigordtrüffel brauchen es wärmer, mal sehen, ob das bei uns klappt«, sagt er. Der Trüffelbauer überlässt nichts dem Zufall. Er hat seine Böden analysieren lassen, bei seinen Besuchen auf Trüffelplantagen in Alba und Burgund Erde mitgenommen und untersuchen lassen. Austausch mit Trüffelliebhabern fand er bei Trüffelseminaren ganz in der Nähe seines Heimatortes und erlebte dort auch erstmals, wie eigens ausgebildete Trüffelhunde sich auf die Suche nach dem begehrten Naturprodukt machen.

Während Gretzmeier erzählt, ist er immer mit einem Auge bei Alba. Beim Rebschneiden im Frühjahr hat er den Hund selbst ausgebildet, mit Plastiktrüffeln, sogenannten ›Dummies‹, die er zuvor vergräbt und dann von Alba suchen lässt. Der Hund läuft zwischen den Eichen und Haselsträuchern herum, schnüffelt hier und da. »Jetzt stromert sie nur noch herum, nach einer Dreiviertelstunde reicht es ihr meistens, schließlich ist ein Hund keine Maschine«, meint Gretzmeier und streichelt und lobt Alba für ihren Einsatz. Jedes Jahr wird Alba mehr Trüffel finden, denn nach und nach kommen immer mehr Bäume in den Ertrag. Im Herbst 2015 ging Gretzmeier das erste Mal mit seinen Trüffeln an die Öffentlichkeit und veranstaltete einen kleinen Trüffelmarkt auf seinem Weingut. Wie er meint, der erste in Deutschland.

11 SANFTE KOSMETIK AUS DEM KUHSTALL – NATURKOSMETIK AUS MOLKE

Aus einen Liter Milch gewinnt man 100 Gramm Käse, der große Rest ist Molke. Zum Wegschütten viel zu schade, dachte sich Landwirt Martin Braun aus Hinterzarten im Schwarzwald und entwickelte daraus eine eigene Kosmetiklinie.

MARTIN BRAUN RÜHRT mit einer Art riesigem Schneebesen im großen Kupferkessel. Seit etwa 45 Minuten schreibt er bedächtig Achter in die Molke-Käsemasse im Kessel. Die Milch, die er alle zwei Tage zu Käse verarbeitet, hat bereits mehrere Arbeitsschritte im Käsereiprozess hinter sich. Eine angenehme Ruhe herrscht in der blitzblanken Käseküche im Ospelehof, einem großen Bauernhof im Hochschwarzwald. »Das Rühren ist wirklich ein meditativer Vorgang, das könnte man für Manager zum Runterkommen anbieten«, sagt Martin Braun. Und da ist wieder eine – eine seiner zunächst verrückt erscheinenden Ideen, die zu einem neuen Standbein seines landwirtschaftlichen Betriebes führen.

So entstand auch die *Ospelehof Schwarzwald Naturkosmetik:* Naturkosmetik aus Frischmolke, die beim Käsen anfällt. Eine Kundin des Bauernladens hatte Martin Braun beim Käsekauf erzählt, dass sie ihre Kosmetik selbst aus Molke herstelle. Der 52-Jährige fing sofort Feuer. »Ich wusste schon damals, dass Molke supergut für die Haut ist, denn meine Frau und ich machten seit Jahren Molkebäder«, erzählt er. »Ich dachte mir, wenn sie das kann, kann ich das auch. Ich besorgte mir Rezepte aus einem Buch und fing sofort an zu experimentieren.«

Schnell wurde dem umtriebigen Landwirt klar, dass er professionelle Hilfe brauchen würde. Ein Fachmann aus Düsseldorf entwickelte mit ihm gemeinsam die Rezeptur für die erste Creme und für eine Körperlotion. Das war 2006.

Inzwischen produziert er bereits sieben verschiedene Produkte, von der Tages- und Nachtcreme über ein Körperpeeling und eine Gesichtsmaske bis zur Handcreme.

Nach etwa 50 Minuten ist die Rührphase im Käsekessel für heute beendet. Martin Braun zerreibt die weißen Käse-Bruchkörner zwischen den Fingern. Halten sie gut zusammen, wenn man sie wie einen Schnee-

ball zusammendrückt, geht es in die nächste Phase. Jetzt muss es schnell gehen: Die Käsemasse sinkt auf den Kesselboden, die überschüssige Molke wird abgepumpt. Die fünf Liter Molke, die Braun nachher weiter zu Handcreme verarbeitet wird, hat er bereits vor der Rührphase abgeschöpft und beiseite gestellt.

Mit dem Käsetuch fängt der Käser den Käsebruch am Kesselboden ein, lässt die restliche Molke abtropfen und presst die Frischkäsemasse in die Käseformen. Jeweils ein schweres Gewicht obendrauf, dann ruht der Käse, bis er am Abend für drei Tage in ein Salzbad kommt.

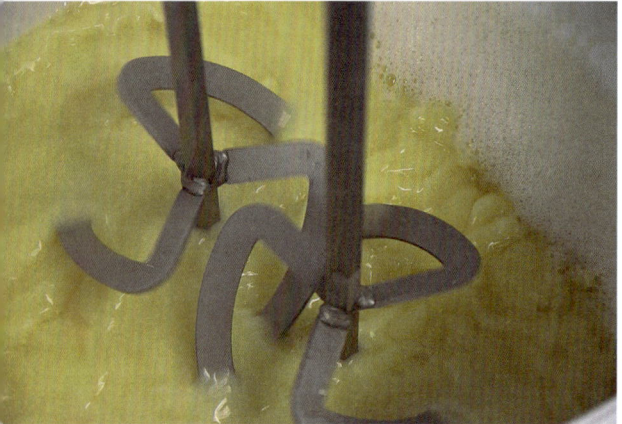

Aus dem Käser wird nun der Kosmetikfachmann. In der Kosmetikküche holt Martin Braun das Rezept für Handcreme aus dem Ordner und legt es auf den Metalltisch. Zur Frischmolke gibt er Glyzerin und erhitzt die Masse langsam in einem Eimer auf 75 Grad.

In einem zweiten Metalleimer mischt Braun die übrigen Zutaten. »Das ist wie beim Backen, allerdings muss man ganz genau wiegen, da geht nichts nach Gefühl«, sagt er lachend und fügt Wachs, Jojobaöl, Sheabutter, Bienenwachs, Parfümstoffe und einen Emulgator zur Konservierung hinzu. Die Zutaten stehen in großen Behältern und Kanistern im Regal. Die Bestandteile sind alle für Naturkosmetik zugelassen. Martin Braun hofft, irgendwann nur noch Naturstoffe verwenden zu können. Bislang geht das noch nicht, weil die Konservierung der kosmetischen Produkte sehr schwierig ist. »Ich bleibe dran«, verspricht er und wer ihn kennt, zweifelt daran nicht. »So, jetzt ist alles beisammen. Nun wird auch diese Masse auf 75 Grad erhitzt.« Das dauert. Zeit für eine Tasse Kaffee und zum Reinigen des Käsekessels.

Warum eigentlich der Mann im Haus die Kosmetik herstellt, die doch meist von Frauen benutzt wird, frage ich Martin und Jutta Braun beim Kaffeetrinken. »Weil die Kosmetik mein Baby ist«, sagt Martin Braun sofort, »das war meine Idee, da hab ich mich reingehängt.« Außerdem passen die Arbeitsabläufe gut mit denen der Käserei zusammen und erfordern beim Herumwuchten der Zutaten einiges an Körperkraft. »Weil er ruhiger ist, ich bin nicht so die Geduldige«, meint Jutta Braun,

»ich helfe dann beim Abfüllen und ich verkaufe die Kosmetik in unserem Bauernladen.« Das Ehepaar hat eine klar geregelte Arbeitsteilung entwickelt. Juttas Ressort sind Hofladen, Hühnerstall und die Ferienwohnungen. Martin ist für Käserei, Kosmetik, Bauernhofführungen und die schottischen Highland-Rinder zuständig. Die Rinder mit

» *Der Bauernhof hat viele Standbeine.*

den mächtigen Hörnern und dem zotteligen Pony leben ganzjährig im Freien und liefern ein qualitativ sehr hochwertiges Fleisch, das Jutta Braun im Hofladen ebenfalls verkauft. Die Racletteabende im Winterhalbjahr, die sie auf Anmeldung für Gruppen anbieten, bewältigen die Brauns gemeinsam.

In der Kosmetikküche geht es nun ans Mischen. Martin Braun schüttet die Molke-Glyzerin-Mischung und die Fett-Öl-Mischung zusammen und stellt das Rührgerät an. Das hat er selbst gebaut, schließlich hat er Maschinenbau studiert, bevor er sich dazu entschloss, den elterlichen Hof zu übernehmen. »Die Flüssigkeit wird nun gut zwei Stunden gerührt, bis sie auf 30 Grad abgekühlt ist. Dann kommt noch ein Konsistenzgeber und Parfüm dazu«, erklärt er. Das Ganze bleibt über Nacht stehen, damit Lufteinschlüsse frei werden. Zehn Kilogramm Handcreme sind nun produziert, die die Brauns am nächsten Tag in 140 Tuben abfüllen werden. Heute füllt Martin Braun noch Nachtcreme ab, die er am Vortag hergestellt hat.

Wie kommt die Molkekosmetik nun zu den Kundinnen und Kunden? Nach einigem Ausprobieren ist der Weg klar: die Produkte gibt es ausschließlich im eigenen Hofladen und auf Bestellung per Post. »Wir hatten zunächst versucht, unsere Produkte über Dritte zu vermarkten, das hat nicht funktioniert«, erklärt Braun schmunzelnd, »für Apotheken und Drogerien waren wir zu teuer. Für Wellnesshotels zu billig, weil die Kosmetikerinnen dort auf Provisionsbasis verkaufen.« Der Verkauf über den Hofladen funktioniert hingegen bestens. Das liegt auch an den Hofführungen mit anschließender Verkostung, die Familie Braun anbietet. Nicht nur Touristen, auch viele Gruppen aus der näheren und ferneren Umgebung besuchen den schmucken Schwarzwaldhof und staunen über die innovativen Ideen und die Tatkraft der Brauns.

DER BELCHEN IM SÜDSCHWARZWALD — EIN BERG, DER SÜCHTIG MACHT

›Belchensüchtig‹ sei er, so beschreibt Annelore Geiger ihren Mann Peter. Mindestens einmal im Monat zieht es Peter Geiger aus dem Münstertal hinauf auf den Berg, sommers wie winters, zu allen Tages- und Nachtzeiten.

WER SCHON EINMAL auf dem Belchen war, der versteht Peter Geiger. Schließlich bietet der mit seinen 1414 Metern dritthöchste Berg des Schwarzwalds bei klarem Wetter ein grandioses Alpenpanorama von der Zugspitze im Osten bis zum Mont Blanc im Westen. Zu Recht gilt der Belchen als der schönste Schwarzwaldberg und ist berühmt für seine einmalige Rundumsicht. Weit schweift der Blick: tief hinunter ins Rheintal und auf die französischen Vogesen im Westen, auf Berge und Täler des Südschwarzwalds bis hin zum Schweizer Jura im Süden. Zum Greifen nah wirken an manchen Tagen Eiger, Mönch und Jungfrau, das berühmte Dreigestirn des Berner Oberlandes.

Wer von der Rheinebene auf die Bergkette des Schwarzwalds schaut, erkennt die Silhouette des Belchens mit der charakteristischen ›Nase‹ sofort. Abrupt geht es vom Fremdenverkehrsort Münstertal, der auf 400 Metern Höhe liegt, in vier Kilometern Luftlinie 1000 Meter hinauf bis zum Gipfel. Peter Geiger wohnt in einem liebevoll renovierten Schwarzwaldhaus aus dem 18. Jahrhundert am Fuß des Belchens direkt an der steil und markant aufragenden Belchennordwand. Geiger gilt in seiner Heimatgemeinde als Belchenkenner. Freunde und Bekannte nimmt er manchmal mit hinauf zum Sonnenaufgang. Es ist ein verschworener Kreis, der sich mitten in der Nacht zu Fuß aufmacht, um dieses ganz besondere Naturerlebnis zu erfahren. »Am liebsten gehe ich

vier oder fünf Tage nach Vollmond, dann scheint der Mond direkt auf unseren Weg und wir brauchen keine Taschenlampe«, sagt er. Zu dritt machen wir uns auf den Weg. Zu nachtschlafender Zeit, um 2.45 Uhr ist Abmarsch, 800 Höhenmeter gilt es bis zum Sonnenaufgang um 5.23 Uhr zu überwinden. Über uns leuchtet der Große Wagen, die sternenklare

Nacht lässt auf einen schönen Sonnenaufgang hoffen. Um vier Uhr meint Peter Geiger, wir sollten doch mal die Stirnlampen ausmachen und tatsächlich – die Augen gewöhnen sich schnell an das Dunkel. Ganz in der Nähe des breiten, steilen Weges führte viele Jahrhunderte lang der Passweg über die Krinne ins dahinterliegende Wiesental.

Kurz nach halb fünf beginnen die ersten Vögel zu singen, die Dämmerung bricht an. Gegen fünf Uhr erreichen wir das Belchenhaus, hier endet die Belchenseilbahn. Seit 2001 ist der Belchen für den Autoverkehr gesperrt und nur noch zu Fuß oder eben mit der Belchenbahn zu erreichen. »Das erste Belchenhaus wurde bereits 1866 als Schutzhütte gebaut. 1899 erfolgte dann ein Neubau, später mehrere Anbauten«, erzählt Peter Geiger, »das Haus in 1360 Metern Höhe ist das höchstgelegene Gasthaus Baden-Württembergs.«

Über den Gipfelrundweg ersteigen wir die letzten Höhenmeter bis zum Gipfelkreuz. Kalt ist es hier oben, der Wind pfeift, wir sind dankbar für Anorak und Mütze. Noch ist nichts zu sehen von der Sonne, einige Wolken sind inzwischen aufgezogen. Langsam färbt sich der Himmel rosa und violett. Wir haben Glück, der Himmel scheint sich zu teilen, die Sonne schiebt sich über die Berggipfel. Orangerot. Ergriffen stehen wir da und staunen.

Der Belchengipfel ist kahl. Schon vor etwa 1000 Jahren wurde der Wald gerodet. Man schuf Weideflächen für Rinder, das Land im Tal wurde als Ackerland gebraucht. »Im Winter fegen Schneestürme von über 100 Stundenkilometern über den Berg hinweg, Bäume und Pflanzen hier oben müssen ums Überleben kämpfen und haben sich an dieses Klima angepasst«, erzählt Peter. Heidekraut und Heidelbeeren bilden den typischen Bewuchs am Gipfel. Unter diesen extremen Wetterbedingungen haben sich Pflanzen gehalten, die sonst nur in den Alpen anzutreffen sind: Alpen-Heckenrose, Arnika, Scheuchzers Glockenblume mit großen violettblauen Blüten und Schweizer Löwenzahn. Sie sind Hinterlassenschaften der letzten Eiszeit vor etwa 10 000 Jahren. Wegen der seltenen Tier- und Pflanzenwelt wurde der Belchen schon 1948 unter Naturschutz gestellt.

Wir verlassen den Gipfel und umrunden ihn auf dem Gipfelrundweg. Jetzt durchqueren wir die Belchennordwand. Sie ist so steil, dass in schneereichen Wintern Lawinen abgehen können. Zahlreiche tote Fichte stehen hier, Folgen des Waldsterbens und der Borkenkäferplage. »Hier gab es immer wieder Murenabgänge über bis zu 800 Höhenmeter, wie wir sie eigentlich nur in den Alpen kennen«, sagt Peter Geiger, »die kahlen Bäume können bei Starkregen das Wasser nicht auffangen, es knallt mit voller Wucht auf den Boden und führt zu Erosion.« Zum Schutz der Belchennordwand wurde ein Konzept mit verschiedenen Handlungsfeldern erarbeitet. »Eine der Maßnahmen zum Schutz vor Murenabgängen war die Pflanzung von 300 Fichten und Bergahornen in der Nordwand«, erzählt Peter Geiger. Die Jungpflanzen müssen allerdings ums Überleben kämpfen und wachsen nur sehr langsam. Plötzlich wird er ganz still und fordert uns durch Zeichen auf, den Mund zu halten. Da! Eine Gams quert den Weg, sie schaut kurz zu uns herüber, dann macht sie einen kleinen Sprung und ist hinter Bäumen verschwunden.

> **Bäume und Pflanzen müssen ums Überleben kämpfen.**

21 Gämsen wurden in den 1930er Jahren am Feldberg ausgewildert, inzwischen leben mehrere hundert im Schwarzwald. Die steile, mit Felsen, Schutt- und Geröllhalden durchsetzte Belchennordwand bietet ihnen optimale Lebensbedingungen. Für die jungen Bäume sind die Gämsen allerdings eine Bedrohung, sie fressen gerne die jungen Triebe

ab. Peter Geiger zeigt uns kleine ›Bonsai-Fichten‹, Folge des Verbisses durch Gämsen. Um diesem Problem zu begegnen, einigen sich Forstleute und Jäger alle drei Jahre auf einen Gämsenabschussplan.

Weiter geht es an der Belchensüdseite durch ein Mosaik aus großen Felsen, Magerweiden und Mehlbeerbäumen, die dick mit Flechten überwuchert sind. »Hier kann man Kolkraben beobachten, sie bauen ihre Horste in den Felsen. Besonders toll sind ihre Balzflüge, sie können sogar Loopings fliegen«, erzählt Peter Geiger begeistert. Die Kolkraben, die deutlich größer als Krähen sind, waren in der ersten Hälfte des 20. Jahrhunderts fast ausgerottet. Es kam daher fast einer Sensation gleich, als sich die Vögel in den 1960er Jahren am Belchen niederließen.

Wir verlassen jetzt den Rundweg und machen uns an den Abstieg. Der Blick auf die Uhr zeigt halb sieben, die Sonne steht inzwischen recht hoch am Horizont. Wir nehmen einen der schmalen, steilen Wege, der uns durch die Belchennordwand hinunter ins Tal führt. Um acht Uhr sind wir im Tal. Zeit fürs Frühstück!

13 WIE DER SKILAUF IN DEN SCHWARZWALD KAM

*Eine Reise in die Geschichte des Wintersports in Mitteleuropa führt in den
Schwarzwald – und nicht in die Alpen. Genau gesagt, auf den 1493 Meter
hohen Feldberg.*

EIN HERRLICHER WINTERMORGEN mit strahlender Sonne und tiefblauem
Himmel. Heute Nacht hat es geschneit. Schnell die Ski anschnallen.
Vom Familienhotel Feldberger Hof zur Sechser-Sesselbahn sind es nur
wenige Meter. Auf dem 1450 Meter hohen Seebuck beim Feldberggipfel
angekommen, eröffnet sich ein herrliches Alpenpanorama vom Mont
Blanc im Westen bis zur Zugspitze im Osten. Schöner könnte ein Skitag
auf dem Feldberg kaum beginnen. Also, auf geht's ins weiße Paradies.
16 Abfahrten unterschiedlichster Länge und Schwierigkeitsgrade warten.

2016 feierte man im Schwarzwald ein großes Jubiläum: 125 Jahre Skilauf. Am 8. Februar 1891, mitten im tiefsten Winter, bei meterhohem
Neuschnee besteigt Dr. Raymond Pilet, französischer Botschaftssekre-
tär, Abenteurer und Weltenbummler, den Feldberg, den höchsten
deutschen Berg außerhalb der Alpen. Er hat weder Funktionskleidung
wie wir heute noch breite Ski mit frisch geschliffenen Stahlkanten.
Pilet läuft auf schmalen Holzbrettern mit nach oben gebogenen Spit-
zen, die mit Lederriemen am knöchelhohen Schuh befestigt sind. Mit
einem langen Holzstock mit einem Teller am unteren Ende schiebt er
sich langsam vorwärts. Mit solchen ›norwegischen Schneeschuhen‹ hat
schon der berühmte Polarforscher Fridtjof Nansen Grönland durch-
quert. Durch Tiefschnee, über teilweise verwehte, eisige, steile Auf-
stiege quält Pilet sich zum Feldberggipfel auf 1493 Metern. »R. Pilet,
Dr. jur., Heidelberg, Februar 8. 1891, mit norwegischen Schneeschuhen«, schreibt er ins Gästebuch des Feldberger Hofs, des Gäste- und
Kurhauses unterhalb des Feldberggipfels.

Dieser Eintrag markiert den Startschuss für den Wintertourismus im
Schwarzwald und in ganz Mitteleuropa. Pilet ist nicht der Einzige, der
das Abenteuer sucht und sich in diesem Winter auf den Feldberg wagt.
Etwa zur gleichen Zeit kommt in Todtnau, dem am Fuße des Feldbergs

gelegenen Städtchen, im Gasthof Ochsen die ›Lesegesellschaft‹ zusammen, eine Gruppe von Geschäftsleuten. Man liest den Reisebericht Fridtjof Nansens *Auf Schneeschuhen durch Grönland*. Es gibt sogar einen in Todtnau, der schon ein Paar solcher norwegischer Schneeschuhe zuhause stehen hat, den Arzt Dr. Carl August Tholus. Keine Frage, dass der aus dem Rheinland stammende Prokurist Fritz Breuer und der Einheimische Carl Thoma, die Wagemutigsten der Gesellschaft, das Schneeschuhlaufen ausprobieren. Sie machen sich auf den Weg zum Feldberg und treffen dort auf Erstbesteiger Pilet, der sie im Schneeschuhlauf unterweist. Ein Foto belegt diesen ersten ›Skikurs‹ im Schwarzwald.

»Es ist faszinierend, wie rasant der Skilauf Fahrt aufnahm. Scheinbar ist da etwas in der Luft gelegen damals, was sich nun Bahn brechen sollte«, sagt Reinhard Janus, langjähriger Vorsitzender des Skiclubs Todtnau, mit dem ich mich um die Mittagszeit im Feldberger Hof verabredet habe. Janus hat sich intensiv mit der Geschichte des Vereins beschäftigt. Obwohl kein gebürtiger Schwarzwälder, ist der frühere Schulleiter sehr stolz auf die Geschichte seines Vereins, der als der älteste noch bestehende Skiclub Deutschlands gilt. Schon Weihnachten 1891 gründen Fritz Breuer und seine Stammtischrunde vom Gasthaus Ochsen den Skiclub Todtnau und ernennen Fridtjof Nansen zum Ehrenvorsit-

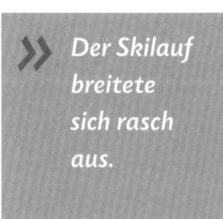

>> *Der Skilauf breitete sich rasch aus.*

zenden. »Die Gründung ist vermutlich aus einer Stammtischlaune heraus entstanden«, meint Reinhard Janus. Eine offizielle Eintragung ins Vereinsregister gab es damals nicht, die wurde erst im November 1892 nachgeholt. Allerdings gibt es einen Dankesbrief Nansens vom 5. Januar 1892, in dem er sich für die Ehrenmitgliedschaft bedankt. Der Brief dient dem Skiclub als Beleg für die Gründung im Jahr 1891. »Ich bin überzeugt, dass die Ski sich von wertvollem Nützen zur Beförderung der Gesundheit und d. Geistesfrischheit zeigen werden«, heißt es in diesem Brief Nansens.

Fritz Breuer jedenfalls muss damals gleich klar gewesen sein, welch großes Potential das Skilaufen bietet. Schon ein Jahr später gibt er – als Vorstand des Skiclubs Todtnau, wie auf dem Einband zu lesen ist – im Eigenverlag des Skiclubs eine Anleitung zum Schneeschuhlaufen heraus. »Der junge Skiclub wurde schnell zum Anziehungspunkt für viele Freiburger, vor allen Dingen aus dem Umfeld der Universität«, weiß Reinhard Janus. Breuer macht das Skilaufen immer bekannter: Er schreibt Presseartikel, schickt sie an Zeitungen in ganz Deutschland und organisiert eine *Weltausstellung für Schneeschuhrequisiten* im Feldberger Hof. Auch die für ihren Tüftlergeist bekannten Schwarzwälder lassen sich von der ungeheuren Euphorie anstecken. Sie wittern ein Geschäft mit dem neumodischen Skilauf. Schon 1892 fertigt der Todtnauer Johann Bernauer in seiner Bürstenfabrik die ersten Schneeschuhe nach dem Musterpaar von Tholus, die ortsansässige Sattlerei stellt die Lederriemenbindung her, der Schneider näht das erste ›Skikostüm‹.

Im 20 Kilometer entfernten Bernau startet Holzwaren-Fabrikant Karl Köpfer 1892 die erste Serienproduktion der Ski *Marke Feldberg*.

Mit Janus zusammen geht es auf Skiern weiter auf die andere Talseite zu den steilen schwarzen Abfahrten. Die Pisten beim Ahornbühl in Todtnau-Fahl sind immer wieder Austragungsort von Deutschen Meisterschaften, Europacup- und Weltcuprennen. Anfang April 2016 wurde hier die Deutsche Meisterschaft im Alpinen Skilauf ausgetragen. Auch 120 Jahre früher wollte man sich mit Gleichgesinnten messen: Im Jahr 1896 findet der *Erste Ski-Wettlauf auf dem Feldberg* statt. Der Wettbewerb besteht aus Dauerläufen und einem Sprungrennen über einen Springwall von eineinhalb Metern Höhe statt. Zwei Jahre später veranstaltet man den ersten Damen-Ski-Wettlauf. Überhaupt waren Frauen fast von Anfang an beim Skilaufen dabei. In Röcken zwar, aber dennoch

ihrer Zeit weit voraus. Das allgemeine Wahlrecht in Deutschland erhielten sie erst 1919.

»Den Schwarzwäldern war schnell klar, dass es eine verbandsmäßige Organisation des Skisports braucht«, weiß Historiker Janus. Man schließt sich mit dem Freiburger Skiclub zum *Skiclub Schwarzwald*, dem heutigen *Skiverband Schwarzwald* zusammen und gründet 1905 den *Deutschen Skiverband.* »Skilaufen war zur damaligen Zeit eine hochelitäre Angelegenheit«, weiß Skiclub-Historiker Janus, »die Schwarzwälder Bevölkerung hatte erst mal nichts damit am Hut, die hatte keine Zeit fürs Skilaufen aus Spaß.« Doch nach und nach zeigt sich, dass sich die Ski auch zur Berufsausübung im Winter bestens eignen. Hebammen und Briefträger gehören zu den ersten Berufsgruppen, die die Ski nutzen, um im Winter zu ihrer Kundschaft zu gelangen. Natürlich erfindet auch ein Schwarzwälder den ersten Skilift der Welt. Robert Winterhalter vom Kurhaus Schneckenhof in Schollach bei Neustadt baut 1908 einen ›hydraulischen Aufzug für Skifahrer und Rodler‹.

Inzwischen ist es Nachmittag geworden. Die anspruchsvollen Abfahrten beim Ahornbühl und dem bekannten Fahler Loch fordern ihren Tribut. Müde, aber glücklich mache ich mich auf den Rückweg zum Hotel – dank der zahlreichen Lifte kein Problem. Pilet und Breuer hatten es da deutlich schwerer.

14 HANDGESCHMIEDET: MESSER, DIE GLÜCKLICH MACHEN

»Meine Messer sind Messer mit Seele.« Davon ist Messerschmied Mathias Maresch aus Staufen überzeugt. Schließlich gibt er seine ganze Leidenschaft in den Prozess des Messermachens und schmiedet das Messer seinen Kunden auf den Leib.

D IE WERKSTATT DES Messermachers in der mittelalterlichen Altstadt des südbadischen Städtchens Staufen finden nur Eingeweihte. Mathias Maresch hat sich in eine Schlosserwerkstatt eingemietet und die Nachkriegsschmiede dort übernommen. »Wenn ich ein Schild an der Straße hätte, käme ich nicht mehr zum Arbeiten«, sagt Maresch. Viele Touristen sind im historischen Städtchen unterwegs, und die würden sich die Schmiede bestimmt gerne ansehen. Das Klischee von der dunklen Werkstatt mit loderndem Feuer erfüllt sie nicht. Hell und aufgeräumt ist Mareschs Schmiede. An den Wänden hängen Dutzende von Schmiedezangen und Hammer, kühl blinkt der riesige Amboss. Kalt ist es. Denn das Feuer brennt nicht etwa den ganzen Tag über, sondern nur dann, wenn geschmiedet wird.

Jetzt stellt der Messerschmied die Esse an. Mit einem Gebläse bläst er Luft ins Feuer, rasch beginnt die Steinkohle durchzuglühen. Bis 1800 Grad heiß wird sie, Holzkohle hingegen nur bis 1350 Grad. Für das Kochmesser, das er nun ausschmieden wird, hat Maresch gestern schon aus nicht rostfreiem Kohlenstoff-Monostahl einen Rohling hergestellt. Mit einer Zange legt er den Rohling ins weißglühende Feuer, nicht lange, und die Klinge glüht gelb-orange. Jetzt geht es ab damit auf den Amboss. Mit kräftigen Hammerschlägen schmiedet Maresch die Klinge aus. Durchs

Schmieden erhält die Klinge die gewünschte Form. »Form und Linie müssen stimmen, das ist wie bei einer Skulptur«, so der Schmied, »die Kontur des Messers hat Ecken und Kanten und besteht gleichzeitig aus einer harmonischen Linie. Das Auge des Betrachters wird gleichsam herausgefordert und dennoch befriedigt. Deshalb ist Messerschmied durchaus ein künstlerischer Beruf.«

Gemeinsam mit seinen Kunden hat er genau diese Form entwickelt. Wichtig ist, dass klar wird, für welchen Zweck das Messer benutzt werden soll, denn danach entscheidet sich Form und Material. Ein Jagdmesser etwa hat eine eher runde Spitze und eine kurze, gedrungene Form. Bei einem Küchenmesser ist es wichtig, das der Griff wenig ausgeformt ist, damit je nach Schnittgut vielfältige Griffpositionen möglich sind. Dann kann man das Messer vorne am Griff anfassen und Kräuter wiegen und hinten anfassen, wenn man schneiden möchte. »Meine Kunden mögen meinen Stil. Meine Messer sind keine wilden Designobjekte. Sie sind neu und verwenden doch eine uralte Formensprache. Erst durch den persönlichen Kontakt mit meinen Kunden und den gemeinsamen Prozess wird das Messer zum eigenen Messer. Ich mache genau dieses Messer nur für diese Person.« Noch zwei, drei Mal wiederholt Maresch den Schmiedeprozess, dann taucht er den Rohling in Härteöl. Innerhalb von 30 Sekunden hat er so den zuvor glühenden Stahl auf Raumtemperatur gebracht. Jetzt ist der Stahl zwar härter als Glas, aber auch sehr spröde und würde leicht brechen. Im 200 Grad heißen Anlassofen wird nun die Härte weggenommen, die Zähigkeit des Stahls steigt. Für ein Messer ist dieser Prozess unabdingbar, denn nur auf diese Weise entsteht eine möglichst flexible und gleichzeitig schnitthaltige Klinge.

Wie kommt einer auf die Idee Messerschmied zu werden? Der 38-Jährige hatte zunächst Archäologie studiert, aber bald gemerkt, dass ein Hochschulstudium nicht das Richtige für ihn ist. In einer Zeitschrift las Mathias Maresch über handgefertigte Messer. Er war fasziniert und plötzlich war der Berufswunsch klar. Er machte Praktika in verschiedenen Schmieden, absolvierte eine Ausbildung zum Metallgestalter bei einem Messerschmied in Rheinland-Pfalz und besuchte gleich anschließend die Meisterschule. Den Lehrberuf Schmied gibt es nicht mehr,

>> *Das Archaische macht den Reiz des Schmiedens aus.*

aus dem Kunstschmied wurde der Metallbauer. Für Mathias Maresch blieb der Fokus jedoch immer bei den Messern. »Ich kann Leidenschaft für Messer entwickeln, für Zäune und Tore nicht so«, sagt er schmunzelnd. An seinem Beruf schätzt er das Archaische, das den Schmiedeprozess am Feuer ausmacht, genauso wie die ganz feinen, filigranen Arbeiten beim Schleifen und bei der Herstellung von Griff und Scheide.

Das Schmieden selbst geht schnell. Für das Messermachen allerdings, also das Schleifen, Härten und Auspolieren der Oberflächen, braucht Mathias Maresch mindestens zwei Tage. »Die Arbeitsschritte werden immer kleiner. Wenn die Klinge vorliegt, geht die Arbeit eigentlich erst los.« Die Herstellung des Griffs, der Lederscheide und das Schleifen machen etwa zwei Drittel der gesamten Arbeit an jedem Messer aus. Beim

Schleifen der Klinge am Bandschleifer stieben die Funken. Maresch muss aufpassen, dass sich der Stahl nicht zu sehr erhitzt, sonst verliert er an Härte und Zähigkeit. Wichtig ist, dass die Symmetrie der Klinge stimmt. Bei einem Kochmesser wird die Schneide extrem dünn geschliffen, sie ist am Ende nur etwa $\frac{1}{10}$ Millimeter dick. Bei einem Jagdmesser – mit dem ein erlegtes Tier aufgebrochen wird – muss die Schneide stabiler und stärker sein. Ist das stundenlange Schleifen nicht langweilig? »Überhaupt nicht, beim konzentrierten Arbeiten vergeht die Zeit wie im Flug«, meint der Meister. Für die Messergriffe verwendet Mathias Maresch edle Hölzer, Horn, fossile Knochen wie Mammutknochen und zertifiziertes Elfenbein, je nach Kundenwunsch. Aus einem Klotz sägt er die Kontur

aus, rundet den Griff grob am Bandschleifer, der Rest ist Schleifarbeit von Hand. »Ich nähe auch die Lederscheide selbst. Das ist ja gerade das Tolle, dass ich alle Arbeitsschritte mache«, betont der Messermacher. In seiner Werkstatt entstehen auf diese Weise feststehende Messer für Jäger, Sammler und Kochmesser. Alle sind Unikate. »Meine Messer sind Werkzeuge, keine Waffen, das ist mir wichtig«, sagt Maresch, »das

Image des Messers hat sich verändert, das überlebensnotwendige Werkzeug wurde zur Waffe umdefiniert.«

Ein Messer aus nicht rostfreiem Stahl, wie Maresch es schmiedet, lässt sich viel besser schärfen als eines aus rostfreiem Stahl, es ist schneidfreudiger, elastischer und leichter nachschärfbar. Wer ein solch wertvolles Messer besitzt, sollte es entsprechend behandeln. »Zwiebeln schneiden und die Zwiebeln dann mit der Klinge auf die Seite schieben, das ist tödlich. Das macht man mit dem Messerrücken, dann bleibt das Messer scharf«, erklärt der Fachmann. Ein einfaches Kochmesser ist ab 400 Euro zu haben, ein aufwändiges Sammlermesser kann durchaus im vierstelligen Bereich liegen. Matt glänzend und silbern schimmernd mit archaisch anmutendem Griff aus Horn liegt das Kochmesser am Schluss vor uns. So perfekt und edel wird es nicht mehr sein, wenn es erst einmal in Gebrauch ist.

So entstehen Unikate, an denen sich die Kunden bei jedem Benutzen freuen. Einzelstücke, die nicht nur den besonderen Entstehungsprozess und die Beziehung zwischen Schmied und Besitzer widerspiegeln, sondern jedes Benutzen zum besonderen Erlebnis machen. Messer mit Seele eben.

15 BLÜHENDE KOSTBARKEITEN AM KAISERSTUHL

Kleine rosa Äffchen in der grünen Wiese? Die gibt es tatsächlich und sie sind keine Tiere, sondern Pflanzen. Genauer gesagt Affenknabenkraut, eine Orchideenart, und sie wachsen am Kaiserstuhl, einem früheren Vulkan, ganz im Südwesten Deutschlands.

MITTE MAI, DIE Sonne zaubert goldenes Abendlicht, Laubwald und Wiesen leuchten in satten Grüntönen, Vogelgezwitscher. Beim ehemaligen Gutshof Lilienhof trifft sich Orchideenkennerin Hannelore Heim mit angehenden Kaiserstühler Gästeführern zur Orchideenwanderung. Durch kniehoch stehende Wiesen folgen wir dem Wanderweg durch das Liliental. Große Teile des Tals und der Hänge unterhalb der höchsten Erhebung des Kaiserstuhls, dem Totenkopfgipfel mit seinem Fernmeldeturm, sind seit Ende der 1950er Jahre ein Arboretum, ein Versuchsgelände der Forstlichen Versuchs- und Forschungsanstalt Baden-Württemberg.

»Was fasziniert uns eigentlich so an den heimischen Orchideen?«, fragt Hannelore Heim in die Runde. Die 60-jährige medizinische Fachangestellte lebt in Endingen am Kaiserstuhl, hat das Naturzentrum Kaiserstuhl mit aufgebaut und arbeitet seit 15 Jahren neben ihrem Beruf als Naturführerin. Die Sel-

tenheit, die Besonderheit, das Geheimnisvolle und die raffinierten Fortpflanzungsstrategien der Orchideen werden genannt. »Man muss schon ganz genau hinsehen, weil manche von ihnen ziemlich klein sind, sie regelrecht suchen. Und wenn ich sie dann entdeckt habe, erfüllt mich ein Glücksgefühl, weil sie so etwas Besonderes sind«, meint eine der Teilnehmerinnen. In den Wiesen im Liliental sind die meisten Orchideen aller-

dings nicht zu übersehen. Das Violett der Pyramidenorchis mit ihrem pyramidenförmigen Blütenstand, der sich von unten nach oben öffnet, bildet einen starken Kontrast zum Grün der Wiese. In der Nähe wächst das zartlila Helmknabenkraut, mit lateinischem Namen ›Orchis militaris‹, dessen Blüten wie ein kleiner Mann mit Helm aussehen. »Alle Wildorchideen sind in ihrem Bestand gefährdet, sie stehen unter Naturschutz. Die meisten Arten sind auf der Roten Liste gefährdeter Arten

zu finden. Deshalb ist es ganz wichtig, auf den ausgewiesenen Wegen zu bleiben und die Wiesen nicht zu betreten, auch nicht zum Fotografieren«, mahnt die Führerin, »die Jungpflanzen sind nämlich oft unscheinbar und werden übersehen und zerstört.« Oft dauert es zehn bis 15 Jahre, bis die Orchideen blühen. Der Großteil ihres Lebens spielt sich unter der Erde ab. Die hodenähnlichen Wurzelknollen – das griechische ›orchis‹ bedeutet Hoden – haben den Orchideen ihren Namen gegeben. Erst im vierten oder fünften Lebensjahr nach der Befruchtung bilden sich diese Knollen aus, aus denen sich später Blüten und Blätter entwickeln. Damit der staubfeine Orchideensamen keimen und die Keimlinge wachsen, sind die Samen auf bestimmte Pilze als Nährgewebe angewiesen. »Jetzt wissen Sie auch, warum es überhaupt keinen Sinn macht, Orchideen auszugraben. Die werden im heimischen Garten nicht überleben, weil sie dort nicht diesen speziellen Pilz finden«, erläutert Hannelore Heim.

Beim Affenknabenkraut bilden die oberen Blütenblätter den Affenkopf, der untere Teil der Blüte, die Lippe, ist dreilappig mit langen schmalen Zipfeln. Zusammen sehen die Blüten wie ein kleines Äffchen mit langen dünnen Armen, Beinen und einem Schwänzchen aus. Der ganze Blütenstand bildet eine lustige Affenbande. Vom Mittelmeerraum wanderte das Affenknabenkraut übers Rhônetal ins Rheintal. Im Kaiserstuhl, der wärmsten Gegend Deutschlands, hat es eine neue Heimat gefunden. Es liebt die kalkreichen, trockenen Lößböden des Kaiserstuhls und wächst in sonnenverwöhnten Halbtrocken- und Trockenrasen, Trockenwäldern und lichten Gebüschen. Der Kaiserstuhl ist für seinen Orchideenreichtum berühmt – alleine 36 Arten der 60 in Mitteleuropa heimischen Arten sind hier vertreten. Im Liliental bei Ihringen sind es über 20 Arten.

Mit nur etwa 20 Zentimetern Wuchshöhe und streichholzkopfgroßen Blüten gehört das Brandknabenkraut zu den kleinen Orchideen. Es wächst gerne in kleinen Gruppen. Die Blütenstände im oberen, noch ge-

schlossenen Bereich sind dunkel-
purpurn – wirken wie verbrannt –,
die offenen Blüten sind helllila mit
kleinen dunklen Punkten. Mit seinem kräftigen Honigduft lockt das
Brandknabenkraut Hummeln und
Falter zur Bestäubung an. Prächtig
und sehr stattlich anzusehen ist
das Purpurknabenkraut, das bis
zu 80 Zentimeter hoch werden
kann. Es wächst vorrangig am Ge-
hölzrand und in lichten Wäldern.
»Jetzt müssen Sie mal ganz genau
hinsehen, hier gibt es etwas ganz
Besonderes zu entdecken«, fordert die Orchideenkennerin die
Gruppe auf, als wir durch ein kleines Birkenwäldchen laufen. Wir
erblicken kleine, zarte Orchideen
mit rosabraunen Blüten, die ganz
anders aussehen als die Knaben-
kräuter: Es sind Hummelragwurze,
erklärt die Führerin. Die Ragwurzarten haben eine besonders raf-
finierte Fortpflanzungsstrategie
entwickelt: Sie imitieren mit Aus-

sehen und Duft ein Insektenweibchen und locken so fortpflanzungs-
wütige Insektenmännchen an. Diese werden getäuscht, nach dem
(erfolglosen) Paarungsversuch bekommen die Insekten Pollenpakete
als ›Hörner‹ an den Kopf geklebt. »Wie im richtigen Leben«, raunen
die Männer, und alle lachen. Mit den Pollenpaketen bestäuben die
enttäuschten Männchen dann die nächste Blüte, bei der sie ihr Glück
versuchen. »Die Ragwurzarten sind so raffiniert, dass sie Lippen ausgebildet haben, die in Form, Färbung und Behaarung das Aussehen des
Insektenkörpers nachbilden, den sie für die Bestäubung brauchen. Neben der Hummelragwurz gibt es Fliegenragwurz, Bienenragwurz und
Spinnenragwurz«, erklärt Hannelore Heim.

Am Wegrand entdecken wir eine große, weißlich-grüne Pflanze mit langen, riemenartigen, gedrehten Mittellappen. »Da müssen Sie unbedingt mal dran riechen«, fordert unsere Führerin die Gruppe auf. »Uahhh, die stinkt«, ist die einhellige Meinung. Und zwar eindeutig nach Ziegenbock! Es ist die Bocksriemenzunge, die bis zu einem Meter hoch werden kann. Mit ihrem ›Duft‹ lockt sie vor allen Dingen Sandbienen an. Im benachbarten Elsass heißt sie Bocksgeil oder Geilwurz. Auch sie ist geschützt, obwohl sie sich in den letzten Jahren – vermutlich klimatisch bedingt – nach Norden ausgebreitet hat, sogar in Sachsen-Anhalt und Südniedersachsen gibt es kleinere Vorkommen.

Ob der Klimawandel wohl die heimischen Orchideen begünstigt? Manche Arten wie Bocksriemenzunge und Pyramidenorchis wohl, meint Biologe Reinhold Treiber vom Naturzentrum Kaiserstuhl. Andererseits gehen die anspruchsvollen Waldorchideen im Kaiserstuhl immer mehr zurück, feuchtigkeitsliebende Arten wie Breitblättriges Knabenkraut und Sumpf-Stendelwurz haben es schwer, weil es kaum noch Feuchtgebiete im Kaiserstuhl gibt. Zum Glück haben die Menschen die Schutzwürdigkeit dieser seltenen Pflanzen erkannt, bewahren die Lebensräume der Orchideen und pflegen die noch bestehen-

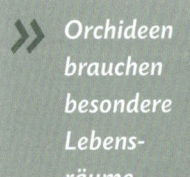

>> *Orchideen brauchen besondere Lebensräume.*

den Standorte so, dass die Orchis günstige Bedingungen vorfinden. Die Wiesen werden nicht gedüngt und nach einem festen Pflegeplan erst gemäht, wenn die Orchideen verblüht und die Samen ausgereift sind.

Die Sonne ist bereits untergegangen, das Vogelgezwitscher wird leiser. Am Ende dieser Orchideenwanderung sind sich die Kaiserstühler Gästeführer sehr bewusst, welche Schätze sich in den Wiesen und Wäldern des Lilientals und auch an anderen Orten im Kaiserstuhl verbergen. Dieses Wissen und die Begeisterung für die Kaiserstühler Kostbarkeiten werden sie an Gäste aus nah und fern weitergeben.

16 LOIPEN AM NOTSCHREIPASS

Die Loipen am Notschreipass in fast 1200 Metern Höhe werden in der Winter-
saison von Zehntausenden von Langläufern aus der Region und dem angren-
zenden Ausland begangen. Ohne den Mann, der die Pisten mit dem Pistenbully
spurt und die Skifahrer täglich über die Pistenverhältnisse informiert, ginge hoch
oben zwischen Dreisamtal und Wiesental gar nichts.

THOMAS WOLLMANN HAT einen Job, um den ihn viele beneiden. Zu-
mindest bei schönem Wetter, so wie heute. Der Himmel ist strahlend blau. Es ist acht Uhr morgens. In der Kabine des Loipenspurgerätes
ist es warm, die Heizung funktioniert. Um halb acht ist Thomas Wollmann heute am Notschrei losgefahren. Davor hat er die Homepage der
Notschreiloipe aktualisiert und die Wetter- und Schneebedingungen
festgehalten: sieben Uhr, minus zwei Grad, sonnig, wolkenlos, windstill
mit Alpensicht, Schneehöhe 30 cm. Die Verhältnisse der drei Loipen,
Stübenwasenspur, Schauinslandspur und Haldenspur bezeichnet er
als ausreichend. Zwischen der Todtnauer Hütte am Feldberg und dem
Hörnle beim Wiedener Eck verläuft auch der 100 Kilometer lange Fern-
skiwanderweg Schonach–Belchen auf den Notschreiloipen.

Langsam fährt Wollmann den
Pistenbully entlang der Langlauf-
loipe hinauf zum Stübenwasen,
der mit knapp 1400 Metern der
sechsthöchste Berg des Schwarz-
waldes ist. Noch liegt die Loipe im
Schatten. Die Sonne spitzt durch
den Wald. Ein Stück weiter vorne –
da, wo die Sonne auf den Boden
trifft – glitzert der Schnee. »Es ist
immer wieder herrlich, morgens
oder auch abends alleine die Spur
in den Schnee zu ziehen«, sagt
Thomas Wollmann, »ich sehe den

Sonnenaufgang oder Sonnenuntergang, manchmal habe ich Alpensicht. An anderen Tagen kämpfe ich mich durch Nebel und Sturm. An diesem Tag nimmt er nur den kleinen Pistenbully und spurt den unteren Teil der Loipe nicht, sondern fährt den Höhenwanderweg entlang. Auch das Anlegen und Pflegen der Höhenwanderwege rund um Notschrei und Hofsgrund am Schauinsland gehört zu seinen Aufgaben. »Das sind heute Bedingungen wie im Frühjahr. Jede Durchfahrt frisst ein bisschen Schnee«, erklärt er. Im Wald ist die Spur mit Tannennadeln bedeckt, immer wieder gibt es Stellen, an denen Steine und Wurzeln unter dem Schnee hervor lugen. Es wackelt ganz schön im Pistenbully, besonders da, wo wenig Schnee ist. Vorsichtig fährt Wollmann die Fräse und anschließend die Spurplatte herunter. Immer wieder dreht er sich um und schaut sich die frisch gespurte Loipe an. »Man muss vorsichtig und sehr aufmerksam sein, besonders bei solchen Schneeverhältnissen, damit man weder die Maschine noch den Boden beschädigt«, sagt der Hofsgrunder. »Zum Glück kenne ich die Stellen, die kritisch sind.« Das Kettenfahrzeug fährt auf der bereits vorhandenen Spur. Schnee wegschieben braucht es

nicht, schließlich ist schon länger keiner gefallen. Die Fräse lockert den verdichteten Schnee, spurt anschließend die Skatingspur mit dem beliebten Cordmuster und legt die neue Spur für die klassischen Langläufer. Alle Notschreiloipen sind für den klassischen Stil und für Skating gespurt.

Kurz vor der Stübenwasenhütte begegnet er dem ersten Skifahrer. Es ist Marco Geiger aus Münstertal. Man kennt sich hier oben, viele kommen jeden Tag. Geiger trainiert regelmäßig auf den Notschreiloipen. Er hat 2013 den Rucksacklauf von Schonach zum Belchen gewonnen, erzählt Thomas Wollmann voller Hochachtung. Wenn es die Schneelage zulässt, findet der 100 Kilometer lange Wettbewerb der Langlauf-Cracks jedes Jahr Anfang Februar statt. 2017 konnte der Lauf wegen Schneemangels nur auf der höher gelegenen Strecke zwischen Hinterzarten und Belchen stattfinden, 2016 musste er ganz abgesagt, 2012 hingegen wegen Schneesturms am Feldberg schon nach 60 Kilometern in Hinterzarten abgebrochen werden. Der Loipenspurer stoppt die Maschine. Wir steigen aus und halten ein kurzes Schwätzchen. Geiger hat für die 100 Kilometer lange Strecke, die normale Skiwanderer in drei oder vier Tagesetappen aufteilen, sieben Stunden und elf Minuten gebraucht. Fünf bis sechs Mal pro Woche trainiert der 34-jährige Betriebswirt am Notschrei, entweder auf der Loipe oder in der Biathlonanlage, der Nordic Arena. »Ich kenne jede Kurve, fast jeden Zentimeter der Loipe«, sagt er, »wenn ich beim Rucksacklauf hier oben angelangt bin, dann ist das wie Heimkommen.« Marco Geiger fährt viele andere Rennen jede Saison, jedoch: »Der Rucksacklauf, das ist der Höhepunkt«, stellt er klar.

Vier bis sechs Stunden ist Thomas Wollmann, Zimmermann und Skilehrer von Beruf, unterwegs, wenn er alle drei Loipen spuren muss. Dabei legt er eine Strecke von etwa 40 Kilometern zurück. Wenn es frisch geschneit hat, braucht er schon mal länger. Dann fängt er bereits um fünf oder sechs Uhr morgens an, auch an Feiertagen wie Heiligabend oder Silvester. »Mein Kollege und ich beobachten das Wetter

und die Wettervorhersagen ständig, damit
wir reagieren können«, sagt er. Sie spuren
auch gegen Abend, manchmal wird es Mit-
ternacht, bis sie fertig sind. Die Loipe soll sich
über Nacht setzen können. Doch oft sind
selbst nachts noch Langläufer auf der Spur
unterwegs, mit Stirnlampe. Die sehen Wollmann und der Betriebsleiter der Notschrei-

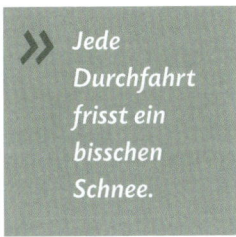

» *Jede Durchfahrt frisst ein bisschen Schnee.*

loipe Hans-Peter Riesterer, im Hauptberuf Förster, nicht so gerne, weil
sie das Wild aufschrecken. »Oft ist das eine Gratwanderung zwischen
den Bedürfnissen der Natur und des Naturschutzes und denen der Nut-
zer«, meint Wollmann. »Seit 2000 hat der Besucherandrang auf den
Notschreiloipen stark zugenommen, weil wir hier relativ schneesicher
liegen«. Manchmal spricht er die Nachtläufer auf die Bedürfnisse der
Tiere im Winter an, viele seien durchaus einsichtig, meint er.

Nach dem Berggasthaus verlässt die Spur den Wald und zieht steil
hinauf zum Stübenwasen. »Hier wird's richtig alpin, manchmal gibt es
Sturm. Bei Nebel ist's richtig gefährlich, da kann man sich leicht ver-
irren. Ich bin auch schon in einer Schneeverwehung stecken geblieben.
Handynetz gibt es hier oben auch keines«, sagt Thomas Wollmann.
Heute ist von Nebel und Sturm nichts zu sehen, stattdessen herrliche
Alpensicht. Bei der Todtnauer Hütte am Feldberg beginnt der Rückweg

zum Notschrei. 20 Kilometer lang ist die Stübenwasen-Rundloipe. Unterwegs bestehen Anschlüsse nach Muggenbrunn und Todtnauberg, zum Feldberg und von dort nach Hinterzarten oder Schluchsee. Auf dem Rückweg geht es häufig bergab. An steilen Abfahrten nimmt Wollmann die Spur raus, dann können weniger geübte Läufer besser bremsen.

Gegen halb elf ist er zurück am Loipenzentrum am Notschreipass. Jetzt schnell die Ski aus dem Auto holen, anschnallen und los geht's hinauf zum Stübenwasen. Alpen gucken.

bewährte TIPPS

Meditation

W0197197

bewährte TIPPS

Meditation

Naomi Ozaniec

garant

A DORLING KINDERSLEY BOOK

www.dk.com

© der englischen Originalausgabe 1997 by Dorling Kindersley Limited, London

Originaltitel: Everyday Meditation

© der deutschen Ausgabe 2007 by **garant** Verlag, Leonberg

ISBN: 978-3-86766-306-9

www.garant-verlag.de

Übersetzung und Herstellung: Maasburg GmbH, München
Redaktionelle Bearbeitung: Sivananda Yoga / www.sivananda.org/tyrol

101 bewährte TIPPS

WARUM MEDITIEREN?

1 WAS IST MEDITATION?

Kernstück dieser uralten Disziplin ist die Kontemplation, während Sie Ihren Geist auf einen Gedanken oder ein Objekt konzentrieren. Es ist eine Übung, die helfen kann, alles im Leben klarer zu verstehen. Die Meditation hilft Ihnen herauszufinden, was mit Ihnen als ganzem Menschen passiert. Sie können sich dadurch kennen lernen und so Ihr Leben verändern und in neue Bahnen lenken.

INNENSCHAU
Die Meditation beginnt normalerweise mit stillem Sitzen. Dabei lenken Sie Ihre Aufmerksamkeit nach innen auf ein spezielles Thema.

Wählen Sie eine bequeme Haltung

2 MEDITATION & RELIGION

Meditative Praktiken sind Bestandteil vieler religiöser Traditionen. Es gibt einige gemeinsame Grundlagen: nach außen eine bewusste Haltung, Atmung und geistige Kontrolle; nach innen eine spirituelle Suche. Der Buddhismus ist für seine Meditationslehre, einschließlich des Zen, am besten bekannt. Der islamische Sufismus, das Judentum, die christliche Mystik und viele Pfade des Yoga beinhalten ebenfalls meditative Techniken.

TRADITIONELLE MEDITATION
Indien ist die Heimat vieler spiritueller Traditionen. Man kann noch heute heilige Männer finden, die in die Meditation versunken vor einem Schrein am Straßenrand sitzen.

◁ TIBETISCH

Dieser Ausschnitt eines rituellen Kopfschmuckes für einen tibetischen Lama zeigt einen der 5 Buddhas der Meditation. Dieser verkörpert Allwissenheit.

▽ FRIEDVOLL LEBEN

Ein junger Mönch sitzt lesend in einem Tempel in Nord-Thailand. Meditation ist das Kernstück des Lebens und der Lehre buddhistischer Mönche.

Jeder Buddha lebt in einer himmlischen Welt

Vairocana, der bedeutendste Buddha

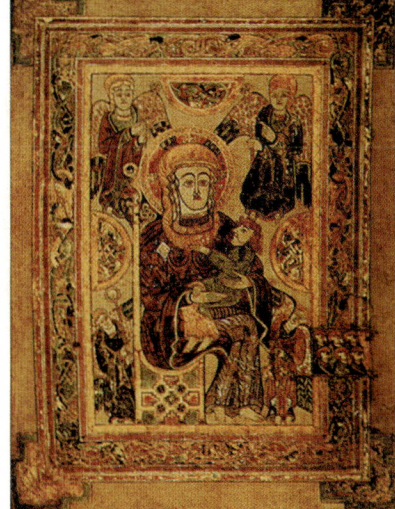

DAS BOOK OF KELLS

Christliche Mönche illustrierten religiöse Manuskripte wie dieses Evangeliar im Laufe ihres der Kontemplation geweihten Lebens.

DER ERWACHTE

Der Name Buddhas ist von dem Bodhi-Baum, unter dem er meditierte, abgeleitet.

3 ANTWORTEN AUF HÄUFIGE FRAGEN

• Das Lernen können Sie alleine beginnen. Später können Sie sich einer Gruppe oder Organisation anschließen.

• Sie müssen nicht religiös sein, um das Meditieren zu erlernen; beginnen Sie von dort, wo Sie gerade sind.

• Ein Zustand der Meditation hat nichts mit einem Trancezustand gemein.

• Es gibt Lehrer in vielen Ländern, nicht nur im Osten.

• Ja, die Meditation wird Sie verändern.

AKTIVE MEDITATION
Diese Mevlevi-Sufis, auch tanzende Derwische genannt, drehen sich (wie die Erdachse) in einem Zustand tiefer Meditation.

4 ZIELE & ABSICHTEN

Mithilfe der Meditation werden Sie ein tieferes Verständnis dafür erlangen, wer Sie sind und wer Sie werden. Mit der Zeit werden Sie entdecken, wo Ihre wahre Natur und Ihre wahren Fähigkeiten liegen. Sie werden allmählich bewusster werden – die Fähigkeit entwickeln, jedes Ereignis Ihres Lebens, so wie es geschieht, völlig zu erfassen. Die Meditation schafft eine Bewusstseinserweiterung in Herz und Verstand, was wiederum Ihr Leben reicher und erfüllter machen wird.

△ **GLOBALE PERSPEKTIVE**
Die Erde vom Weltall aus zu sehen, kann die Basis einer Meditation sein. Entwickeln Sie Ihre eigenen Ideale und Werte.

Erreichen Sie ein tieferes Verständnis für Ihren Geist und benutzen Sie ihn effektiver

Verringern Sie Stress und Sorgen in Ihrem Leben durch Entspannung

SICH SELBST ERKENNEN
Ein Ziel der Meditation ist es, sich selbst zu verstehen. Sie sind einzigartig, aber wir teilen die Menschlichkeit.

HORIZONT ERWEITERN
Meditation wird Sie inspirieren, Ihre eigene Kreativität und innere Kraft zu finden. Sie werden sich ermutigt fühlen, das Beste aus jedem Tag zu machen.

5 WOHLTAT FÜR KÖRPER & GEIST

Sie werden als ganzer Mensch von der Meditation profitieren, denn sie fördert körperliche Entspannung und Ruhe. Beides ist gut für Herz und Pulsschlag. Das neue Bewusstsein bei Atmung und Haltung wird Ihnen mehr Energie liefern. Während der Meditation strömen die Gehirnwellen anders als beim Wachsein oder Schlafen und beide Gehirnhälften sind aktiv. Die Meditation vereinigt Geist und Körper. Sie können Seelenfrieden finden, indem Sie lernen, sich von quälenden Gedanken zu befreien. Ihre Konzentrationsfähigkeit wird sich mit zunehmender Übung auch verstärken.

◁ TALENTE NUTZEN
Musik bietet viel Platz für Kreativität und Freude. Hören Sie aufmerksam zu, um ihre Qualitäten zu entdecken.

△ HARMONISCHER GEIST
Ein volles und aktives Leben mit weniger Stress und Sorgen fördert einen tiefen und erholsamen Schlaf.

Nutzen Sie jeden noch so kleinen Moment: Lesen und entspannen Sie sich

Sie werden sich aktiver und dem Leben besser gewachsen fühlen.

6 BESTANDSAUFNAHME

Nehmen Sie sich Zeit für eine Bestandsaufnahme Ihrer selbst und der Werte, nach denen Sie leben. Fangen Sie mir Ihrem Leben, so wie es heute ist, an. Denken Sie ehrlich über das Leben nach, das Sie geschaffen haben. Haben Sie Ihre wahren Interessen entwickelt? Ist Ihr Lebensstil gesund? Arbeiten Sie zu hart? Entdecken Sie, was Ihre Prioritäten sind. So eine Analyse ist wie Entrümpeln. Entscheiden Sie, was Sie behalten möchten und was jetzt verschlissen ist.

PRÄGENDE EINFLÜSSE
Prüfen Sie, was Ihnen wichtig ist. Zählen Sie Ihre Werte auf, nicht die Ihrer Familie oder Freunde.

7 DIE LEBENSREISE

Das Leben wird oft mit einer Reise verglichen. Nutzen Sie diese Idee, um ihr Leben genauer unter die Lupe zu nehmen. Zeichnen Sie eine Landkarte, die Ihre Reisen bis heute zeigt. Markieren Sie wichtige Punkte wie Freunde, Familie und wichtige Ereignisse. War Ihre Reise ein Aufwärtsklettern oder ein einfaches Dahinsegeln? Ihre Lebenskarte wird Ihnen helfen zu erkennen, wo Sie im Leben sein möchten.

SPUREN FREILEGEN
Wir alle hinterlassen Fußabdrücke. Haben Sie keine Angst davor, sie anzusehen. Es ist wichtig zurückzublicken, um zu erkennen, wohin Sie im Leben gekommen sind.

8 Anfangen

Nachdem Sie Ihr Leben analysiert haben, fühlen Sie sich nun vielleicht bereit, das Meditieren zu lernen. Nun, da Sie Ihre Lebenskarte gezeichnet haben, können Sie die Vergangenheit zurücklassen und in die Zukunft blicken. Vielleicht ist heute der Tag, um den ersten Schritt zu tun und einen Neustart im Leben zu wagen.

Die ersten Schritte
Ein alter Spruch sagt: „Auch die längste Reise beginnt mit dem ersten Schritt". Meditation ist eine Reise der Selbstfindung. Machen Sie sich auf die Reise, sobald Sie dazu bereit sind.

Neue Richtung
Für viele ist der Beginn der Meditation ein Wendepunkt. Sie ist ein neuer Weg in die Zukunft, der zu größerer Selbsterkenntnis führen kann.

9 Tagebuch führen

Ein Meditations-Tagebuch zu führen ist eine gute Dokumentation. Jeder Eintrag ist wie ein Schnappschuss in einem Fotoalbum, den Sie sich eines Tages ansehen können. Notieren Sie sich die Meditationen, die Sie ausprobieren, und halten sie dabei auftretende Probleme fest. Fassen Sie jede Erfahrung zusammen und versuchen Sie, den Kern jeder Erfahrung in einer einzigen Erkenntnis festzuhalten.

Sofort handeln
Gewöhnen Sie sich an, gleich nach der Meditation Ihre Gedanken niederzuschreiben, solange die Erinnerung noch frisch und genau ist.

Notieren Sie kurz und knapp; es soll keine Arbeit werden.

Erkenntnis
Eine Erkenntnis ist die schriftliche Essenz jeder Meditationssession.

MEDITATION – ERSTE SCHRITTE

10 DAS RICHTIGE UMFELD SCHAFFEN

Der richtige Ort zum Meditieren hängt von Ihrem Lebensstil und dem verfügbaren Platz ab. Ideal ist ein ruhiger Platz, an den Sie regelmäßig zurückkehren können. Er sollte angenehm und sauber sein und natürliches Licht haben. Einfach ist gut: Ein aufwändiger Ort ist nicht notwendig. Schaffen Sie Ihre eigene Oase der Ruhe, in der Sie ungestört meditieren können. Es wird immer unvermeidlichen Lärm geben. Mit der Zeit und mehr Übung werden Sie fähig sein, in einen meditativen Zustand überzugehen, wo auch immer Sie sich befinden.

▽ **WARM HALTEN**
Wenn Sie lange sitzen, sollten Sie sich warm halten; ebenso, wenn es keine Heizung gibt oder Sie im Freien sind.

Wickeln Sie sich in eine warme Decke ein

△ **IM FREIEN**
Vielleicht möchten Sie im Freien meditieren, wenn Sie einen friedvollen Ort finden, an dem Sie ungestört sind.

Eine feste Matte oder ein Teppich ist hilfreich für die Meditation im Freien

Teppich oder Handtuch helfen bei kaltem oder hartem Boden

▽ **BEQUEM SITZEN**
Benützen Sie ein Sitzkissen, falls Sie auf dem Boden meditieren, und eine Decke zum Aufwärmen danach.

△ **GUTE HALTUNG**
Setzen Sie sich auf einen Stuhl mit harter Lehne; im Liegen oder in einem Sessel könnten Sie einschlafen. Achten Sie auf Ihre Haltung (Tipp 15).

△ **SANFTE STÄRKUNG**
Nach einer langen Meditation kann es sein, dass Sie sich etwas benommen fühlen. Etwas Warmes trinken tut gut.

11 WANN SOLLTE MAN NICHT MEDITIEREN?

Ungeeignet sind Tageszeiten, an denen Sie viel zu tun haben, müde oder durch Koffein oder Alkohol überstimuliert und deshalb aufgewühlt sind. Früh am Morgen, wenn Sie frisch und ausgeruht sind, ist ein guter Moment.

Wahrscheinlich schlafen Sie ein, wenn Sie müde oder nach dem Essen meditieren.

ABLENKUNGEN VERMEIDEN
Versuchen Sie unbedingt, alle offensichtlichen Ablenkungen zu vermeiden; schalten Sie z. B. das Telefon aus. Achten Sie nicht zu sehr auf Lärm von Nachbarn, Tieren oder auf Kinderstimmen.

12 WIE LANGE MEDITIEREN?

Fünf Minuten lang täglich ist ein guter Anfang. Eine lange Session ist nicht unbedingt besser als eine kurze, besonders wenn Sie gerade erst begonnen haben zu meditieren. Kurze, regelmäßige Sessions sind gut und definitiv besser als unregelmäßige lange Sessions. Nach einiger Zeit werden Sie eventuell länger sitzen und den Rhythmus entdecken, der am besten zu Ihnen passt.

FÜNF MINUTEN TÄGLICH

13 ENTSPANNEN SIE SICH

Entspannung ist eine gute Vorbereitung für die Meditation. Setzen Sie sich bequem hin *(Tipp 15)*, atmen Sie langsam und tief durch. Sagen Sie sich die unten stehenden Worte vor; fühlen Sie, wie sich die Spannung löst. „Die Muskeln in meinem Kopf und meinem Gesicht entspannen sich: Ich bin entspannt • Meine Halsmuskeln entspannen sich: Ich bin entspannt • Meine Schulter- und Brustmuskeln entspannen sich: Ich bin entspannt • Meine Arm- und Handmuskeln entspannen sich: Ich bin entspannt • Meine Bein- und Fußmuskeln entspannen sich: Ich bin entspannt • Ich fühle mich entspannt. Mein Geist ist ruhig. Mein Körper ist ruhig. • Ich bin entspannt. Mein Geist ist klar. Mein Geist ist wach."

△ KÖRPERSPRACHE
Ein ruhiger Geist und Körper sind gut für Gesundheit und Wohlbefinden. Ihre Körpersprache wird verdeutlichen, dass Sie locker und zuversichtlich sind. Die Übung oben entspannt Ihren ganzen Körper.

LANGSAMER WERDEN ▷
Entspannungsübungen sind eine wertvolle Hilfe beim Abbau von Stress. Aber keine Hast! Mit der Zeit und mehr Übung werden Sie diese Vorübung nicht mehr brauchen.

14 KÖRPERLICHE ANSPANNUNG ERKENNEN

Einen Großteil der emotionalen Spannung spüren wir oft als körperliche Belastung an Hals, Rücken oder an den Schultern. Die Entspannungsübung *(Tipp 13)* kann zeigen, ob bestimmte Bereiche Ihres Körpers angespannt bleiben. Falls Sie solche Bereiche finden, versuchen Sie eine Massage oder helfen Sie sich selbst mit regelmäßigen Abläufen wie der Übung für Kopf und Hals (siehe weiter unten). Achten Sie darauf, keine Muskeln zu überanstrengen. Tiefes Atmen oder Atemzüge zählen (Tipp 17) kann auch Spannungen abbauen. Körperliche Verspannungen zu lösen ermöglicht es Ihnen, während der Meditation bequem zu sitzen.

So fest wie möglich gegen die Hände drücken und halten

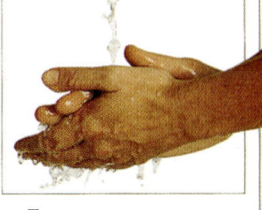

△ **ERFRISCHUNG**
Händewaschen bereitet Sie praktisch und symbolisch vor. Ein heißes Bad entspannt Sie.

VERSPANNUNGEN IM NACKEN LÖSEN
Dies wird Beschwerden lindern, besonders wenn Sie lange Zeit gesessen sind. Hände hinter dem Kopf verschränken, Schultern nach hinten nehmen und den Kopf gegen die Hände drücken.

AUF DIE LEBENSWEISE ACHTEN
Wenn Sie tief sitzende Verspannungen finden, suchen Sie nach den Ursachen. Könnten Sie sich mehr bewegen und entspannen?

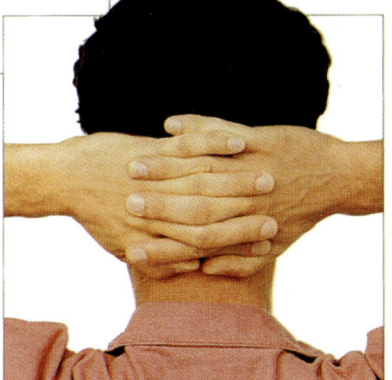

15 BEQUEME SITZHALTUNG

Meditation erfordert oft ruhiges Sitzen. Eine unbequeme Haltung lenkt Sie ab und erschwert Ihnen stilles Sitzen. Traditionelle Schneidersitzstellungen sind ideal für lange Sitzphasen, erfordern aber oft Training und Flexibilität. Halten Sie den Rücken aufrecht, Schultern zeigen nach hinten. Sie können auch auf einem Bänkchen oder festen Kissen knien. Die Hände platzieren (siehe unten), damit sie nicht zappeln.

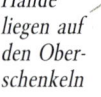

Hände liegen auf den Oberschenkeln

SCHNEIDERSITZ ▷
Setzen Sie sich auf ein festes Kissen. Legen Sie die Hände in den Schoß und strecken Sie die Wirbelsäule. Schließen Sie die Augen oder senken Sie den Blick.

△ **STUHLSITZ**
Setzen Sie sich in dieser Position auf einen Stuhl mit harter Lehne. So sitzen viele altägyptische Statuen.

ENTSPANNT IST GUT
Traditionelle Sitzhaltungen unterstützen die Meditation durch eine stabile Haltung, die dennoch entspannt und bequem ist.

Bequeme, locker sitzende Kleidung hilft beim Entspannen

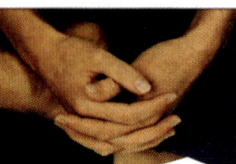

LEICHTE HANDHALTUNG
Am natürlichsten wird es für Sie sein, die Hände locker gefaltet im Schoß ruhen zu lassen.

DIE HÄNDE BUDDHAS
Eine Hand liegt in der anderen. In dieser Position sollten die Daumen idealerweise aneinander ruhen.

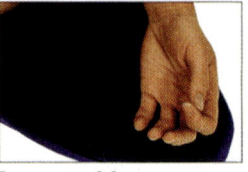

INDISCHES MUDRA
Bei dieser symbolischen Handhaltung berühren sich Zeigefinger und Daumen (siehe Abbildung).

16 ATMEN MITHILFE DES ZWERCHFELLS

Achten Sie auf die kurze Pause zwischen Einatmen und Ausatmen

Das Atmen an sich ist kaum merkbar. Legen Sie eine Hand für einen Moment auf den oberen Brustkorb. Sie werden vermutlich nur ein leichtes Heben und Senken spüren. Zum Meditieren werden Sie bewusst atmen und so einen langsamen, tiefen und rhythmischen Atemzyklus schaffen, bei dem Lungen, Bauch und Zwerchfell benutzt werden. Atmen Sie lang und tief durch die Nase ein. Das Zwerchfell senkt sich und der Bauch hebt sich. Beim Ausatmen ist es umgekehrt. Versuchen Sie, jede Phase in einem einzelnen Atemzyklus zu beobachten: einatmen; Pause; ausatmen; Pause.

Atemzüge im Bauch fühlen

17 ATEMZÜGE ZÄHLEN

Wenn Sie sich beim Atmen verzählen, fangen Sie einfach neu an

Atemzüge zählen klingt einfach, ist aber ziemlich anspruchsvoll

Das Zählen der Atemzüge ist bekannt als allgemein gebräuchliche Übung, die Geist und Körper in Einklang bringt. Das Ziel ist es, die Atemzüge im Kopf mitzuzählen, ohne sich dabei zu verzählen oder ablenken zu lassen. Zählen Sie von eins bis zehn und beginnen Sie dann von neuem. Am einfachsten ist es, beim Einatmen eins zu zählen und beim Ausatmen zwei. Sie können auch versuchen, eine komplette Abfolge von Einatmen und Ausatmen als eins zu zählen.

GUTES TRAINING
Meditation trainiert den Geist bewusster zu beobachten, z. B. zur Konzentration auf den Atem.

19

18 IN DIE MEDITATION HINEINGEHEN

Das bringt körperliche und geistige Veränderungen mit sich. Es bedeutet, von einem körperlichen und geistigen Zustand in einen anderen überzugehen, so als ob man symbolisch eine Schwelle überschreitet. Wählen Sie eine Sitzposition. Sobald Sie sich ruhig und entspannt fühlen, bequem sitzen und Ihre Atmung tief und gleichmäßig ist, stellen Sie sich vor, wie Sie über die Schwelle gehen. Stellen Sie sich auf der anderen Seite das Thema der Meditation vor.

OFFENE TÜR
Visualisieren Sie eine Tür während der Vorbereitung durch Entspannung, korrekte Haltung und Atmung.

Mit der Zeit können Sie sofort eintreten, aber am Anfang wird es noch etwas länger dauern

19 WENN DER GEIST ZERSTREUT IST

Sie werden beim Meditieren bald viele geistige Ablenkungen entdecken. Ihre Gedanken scheinen ohne Vorwarnung zu wandern. Folgen Sie nicht dem falschen Pfad. Bringen Sie Ihre Konzentration sanft wieder auf das gewählte Thema. Sie werden das wiederholt tun müssen. Das kann sehr entmutigend sein, aber es passiert jedem. Seien Sie geduldig mit sich selbst.

20 BEENDIGUNG DER MEDITATION

Kehren Sie in den körperlichen und geistigen Zustand zurück, der in den Alltag passt. Wenn Sie Ihr Thema beendet haben, lösen Sie die Konzentration, löschen Sie jegliche Bilder aus Ihrem Geist und notieren Sie sich die Dinge, an die Sie sich erinnern möchten. Überschreiten Sie im Geist die Schwelle und nehmen Sie sich etwas Zeit, um Ihren Körper in seinen normalen Atemrhythmus zurückkehren zu lassen und sich in der äußeren Welt neu zu orientieren.

Lassen Sie sich bei der Rückkehr aus der Meditation Zeit – besonders am Anfang. Später geht es schneller.

TÜR ZU
Sehen Sie sich am Ende der Meditation die Schwelle zurück zur äußeren Welt überschreiten.

21 WIE MAN TIEFER GEHT

Stellen Sie sich vor, wie Sie ein altes Schloss mit vielen Zimmern und Türen erkunden. Schließlich kommen Sie an eine Tür, auf der Ihr Name steht. Sie öffnen die Tür und finden dahinter eine Wendeltreppe, die Sie hinuntergehen.

Lassen Sie sich Zeit. Stellen Sie sich mit all Ihren Sinnen die Szene deutlich vor. Die Treppe führt Sie tief in Ihr eigenes Ich, da das Schloss Sie als ganzen Menschen darstellt. Gehen Sie den Weg zurück, um die Meditation zu beenden.

DIE REISE FORTSETZEN
Stellen Sie sich am unteren Ende der Treppe einen beliebig eingerichteten Raum vor, in dem Sie ausruhen können.

IHRE INNENWELT
Sie haben schon die innere Tür visualisiert. Nutzen Sie diese Fähigkeit für weitere Schritte in der Meditation.

22 FORTSCHRITTE

Die Ergebnisse jeder Session können mit Wassertropfen verglichen werden, die in ein Gefäß fallen. Jeder Tropfen für sich ist klein, aber mit der Zeit summieren sie sich und können große Veränderungen bewirken. Jede Session bringt eine kleine Veränderung, die jedoch für sich allein oft unsichtbar ist. Vielleicht fragen Sie sich sogar, ob überhaupt irgendwas passiert als Folge Ihrer Meditationsübungen. Lassen Sie sich davon nicht entmutigen; Jede Veränderung wird erst nach und nach sichtbar. In Wirklichkeit machen Sie andauernd Fortschritte.

WELLENEFFEKT
Jeder „Tropfen" Meditation schafft Wellen, die Ihr Leben beeinflussen werden.

SYMBOLE & BILDER

23 WAS IST EIN SYMBOL?

Symbole vermitteln Bedeutungen ohne Worte. Jedes kann diverse Interpretationen haben. Moderne Symbole, wie z. B. Computer-Icons, haben oft eine anleitende Funktion. Ältere Symbole vermitteln Ideen. Einige von ihnen, wie z. B. die jüdische Menorah, sind spezifisch für eine Tradition. Andere sind universal, wie z. B. Ringe, die ewige Liebe symbolisieren. Sie sind wie eine gemeinsame Sprache. Sehen Sie sie als Abkürzungen zu einem speziellen Meditationsthema.

TIBETISCHES MANDALA
In dieser symbolischen Karte des Universums hat jede Farbe, Fläche und Figur ihre Bedeutung.

Mandalas beschreiben für gewöhnlich Geistes- und Seinszustände.

Beim Meditieren wandert man durch die Welt des Mandalas, als ob sie real wäre.

IDEEN IN BILDERN
Meditation benutzt Symbole als Hilfe, um tief über abstrakte Ideen und Konzepte wie Liebe, Zeit, Weisheit oder universelle Zusammenhänge nachzudenken.

24 TRADITIONELLE SYMBOLE

IMMERGRÜNE BLÄTTER

Jede Kultur hat ihre eigenen traditionellen Symbole, die spirituelle, religiöse oder gesellschaftliche Vorstellungen vermitteln. Eine brennende Kerze ist ein universelles Symbol für Frieden und Hoffnung. Im Westen bedeuten immergrüne Pflanzen wie Lorbeer und Fichte fortdauerndes Leben. Im Osten bedeutet Reis Leben und Fülle. Denken Sie über die traditionellen Symbole nach, die eine Bedeutung für Sie haben.

ROSETTE ▷
In vielen katholischen Kirchen fällt das Licht durch eine Rosette herein. Die beiden Symbole Kreis und Rose bilden ein Mandala des Westens.

SYMBOL FÜR FRIEDEN & HOFFNUNG

25 SYMBOLE AUS DER NATUR

Die zahllosen Symbole aus der Natur gehören zum universellen Wortschatz der Mythologie, Folklore und Legende. Die Natur bietet geographische Begriffe, Meer und Himmel sowie wiederkehrende Muster. Weltweit stellt die Sonne die Lebensquelle dar; der Mond Wachstum und Zeitzyklen; ein Berg Stärke und Ausdauer. Entdecken Sie für sich weitere Eigenschaften der Natur.

DIE KRAFT DER NATUR
Der Wasserfall symbolisiert einen Ort der Kraft und der Schöpfung; ein Fluss den Lebenslauf; Wasser Fruchtbarkeit und Reinheit.

26 DIE EIGENEN SYMBOLE ENTDECKEN

Die gemeinsame Symbolgeschichte der Menschheit ist faszinierend: Sie ist wie eine gemeinsame Geheimsprache. Suchen Sie eine Reihe von Bildern aus (die verschiedenen Kulturen gemeinsam sein können): aus den Bereichen Kunst, Architektur und sogar aus Märchen. Wählen Sie ein Symbol aus und versuchen Sie es durch verschiedene Traditionen in Mythos und Folklore zu verfolgen. Sie werden die frühere Bedeutung Ihres Symbols entdecken und was es heute für Sie bedeutet. Viele Symbole wie Drachen, Auge, Schlange oder Mond sind uralt.

27 DAS GEISTIGE AUGE ÖFFNEN

Wie oft benutzen Sie Ihr geistiges Auge? Man kann Erinnerungen oder Erfahrungen mit Worten beschreiben, aber mithilfe der Visualisierung kann man auch beschreibende Bilder mit der Vorstellungkraft erschaffen. Testen Sie den Unterschied. Sagen Sie das Wort „Rose" und Sie finden vielleicht nur ein paar Assoziationen. Dann rufen Sie sich das Bild einer Rosenknospe vor das geistige Auge – so genau wie möglich. Nun lassen Sie vor Ihrem inneren Auge die Knospe aufblühen. Betrachten Sie die Farbe der Blütenblätter und stellen Sie sich vor, wie zart sie sich anfühlen. Welche Assoziationen tauchen sonst noch auf? Je mehr Sie die kreative Vorstellungskraft gebrauchen, desto lebendiger wird sie. Das geistige Auge zu trainieren, wird Ihnen auch bei den Bildern während der Meditation helfen. Lassen Sie das Bild zum Abschluss einfach verblassen.

Riechen Sie in Ihrer Fantasie den Duft der Rose

VISUELL DENKEN
Visualisierung ist eine Art zu denken. Je mehr Sie das geistige Auge benutzen, desto mehr hilft es Ihnen bei der Meditation und im Alltag.

28 DIE VORSTELLUNGSKRAFT WIEDER ENTDECKEN

Einige Meditationen fordern Sie auf, Bilder vor dem geistigen Auge zu schaffen. Diese Übung führt Sie am Anfang dazu, Ihre Vorstellungskraft visuell und ohne Zwang zu gebrauchen. Stellen Sie sich vor, Sie nehmen eine weiße Scheibe in die Hand. Schreiben Sie Ihren Namen darauf und werfen Sie sie in die Luft. Beobachten Sie, wie sie emporsteigt, bis Sie von der Helligkeit des Himmels geblendet werden. Die Scheibe entschwindet Ihrem Blick. Beim nächsten Hinsehen entdecken Sie einen weißen Vogel über sich fliegen. Beobachten Sie ihn. Etwas fällt vom Himmel auf Sie herunter. Sie strecken die Hand aus und fangen ein Kristall-Ei. Der Vogel ist verschwunden. Bei genauerem Hinsehen entdecken Sie das Bild eines weißen Vogels eingeprägt im Ei.

EINBILDUNGSKRAFT
Kinder haben lebhafte Fantasien; erhalten Sie sich die Ihren. Kreieren Sie eine innere Landschaft (Tipp 32).

INNERE BILDER
Bei Meditationen, die keine Symbole und Bilder verwenden, helfen Konzentration und Bewusstsein, wichtigen Gedanken zu folgen.

29 EINEM GEDANKEN FOLGEN

Die Meditation ist nach innen aktiv. Ihr Geist muss auf das Thema konzentriert bleiben. Das bedeutet, gewollten Gedanken zu folgen und ungewollte vorbeiziehen zu lassen. Einem Gedanken zu folgen fordert Konzentration. Ein Symbol vor dem inneren Auge festzuhalten kann wie ein Anker wirken, wenn Ihr Geist abgelenkt wird. Sie können zu diesem klaren Bild zurückkehren. Schauen Sie es an und sammeln die Assoziationen, die Sie damit in Verbindung bringen. Das konstante Bild hilft Ihnen, immer wieder zu Ihrem gewählten Thema zurückzukehren.

KONSTANTES BILD FESTIGT THEMA

30 DENKEN IN BILDERN

In Bildern zu denken ist eine nützliche Fähigkeit. Es hilft bei visuellen Meditationen und bei allen möglichen anderen Aufgaben. Denken Sie in Bildern, um sich z. B. an Dinge auf einer Liste zu erinnern, um ein Zimmer einzurichten, einen Garten anzulegen oder einen Zeitplan vorzubereiten. Ihre Fähigkeit wird umso besser, je öfter Sie üben. Stellen Sie sich also den Anrufer vor, wenn das Telefon klingelt. Wenn Sie das nächste Mal einen Roman lesen oder eine Kassette hören, strengen Sie ihre Vorstellungskraft an und denken Sie in Bildern.

31 VISUALISIEREN – SO FÄLLT ES IHNEN LEICHT

Wenn Ihnen das Visualisieren nicht leicht fällt, dann können Sie sich auch ein Bild vor das geistige Auge rufen, indem Sie Ihren Gehör-, Tast-, Geruchs- und Geschmackssinn benutzen. Ihre Erinnerung ist reich an brauchbaren Erfahrungen und Eindrücken. Können Sie sich den Geruch der Seeluft ins Gedächtnis rufen oder das Knirschen von Stiefeln im Schnee? Probieren Sie aus, mit welchem der fünf Sinne Sie sich am wohlsten fühlen.

LEBHAFTER EINBLICK
Je mehr Sinne Sie einsetzen, desto lebendiger werden Ihre inneren Erfahrungen sein.

Fühlen: Können Sie sich mit geschlossenen Augen an das Gefühl eines weichen Tierfells erinnern?

Hören: Können Sie den Klang eines Instruments hören, das in Ihrer Vorstellung spielt?

Schmecken: Können Sie verschiedene Geschmäcker im Geist unterscheiden?

Riechen: Können Sie sich an den Duft einer Blume erinnern?

32 EINE INNERE REISE UNTERNEHMEN

Lesen Sie die Reise hier und schaffen Sie dann die Landschaft in Ihrem Geist. Sie stehen an einem Tor, das auf ein Feld führt. Sie gehen auf das Feld und entdecken dort einen allein stehenden Baum. Wie sieht er aus? Berühren Sie die Rinde und zupfen Sie ein Blatt ab. Setzen Sie sich dann mit dem Rücken an den Stamm und meditieren Sie über den Baum. Zum Abschluss verfolgen Sie Ihre Schritte zurück und lassen das Bild verschwinden.

Betrachten Sie das Detail und das Gesamtbild

33 KREATIVITÄT FREISETZEN

Die Meditation schärft alle Sinne. Das wird Ihnen helfen, im Alltag aufmerksamer zu werden. Sie können Ihre eigene Kreativität entdecken und fördern, indem Sie Ihre Vorstellungskraft entwickeln *(Tipps 23-32)* und Ihre Visualisierungsfähigkeit einsetzen. Kreativität hat viele Formen; es ist Bestandteil des Selbstentfaltungsprozesses, einen eigenen kreativen Ausdruck zu finden. Das eigene kreative Selbst zu entdecken kann sehr lohnend sein und hilft Ihnen, positiv mit den verschiedenen Aufforderungen des Lebens umzugehen.

MAXIMALER NUTZEN
Jede kreative Fähigkeit, die den Geist wach und flexibel hält, hilft Ihnen, Ihre Meditationszeit bestens zu nutzen.

KREATIVITÄT BEFREIEN
Der Schmetterling symbolisiert starke Veränderung. Er ist auch ein altes Symbol für die Seele.

ÜBERHAUPT NICHT DENKEN

34 ZAZEN

Zazen bedeutet „nur sitzen". Es ist die wichtigste Meditationstechnik des Zen-Buddhismus. Meist blickt man dabei zur Wand, um Ablenkung zu vermeiden. Es wird nicht über Bilder, Symbole, Gedanken, Ideen oder Worte meditiert. Das Ziel von Zazen ist es, einfach nur zu beobachten, was in Ihrem Geist vorgeht, ohne dabei von Ihren eigenen Gedanken abgelenkt zu werden. Konzentrieren Sie sich stattdessen auf das Zählen der Atemzüge *(Tipp 17)*. Beobachten Sie den Atem aufmerksam. Versuchen Sie, nicht zu denken. Die Tipps 35-41 helfen Ihnen, Ihre Gedanken zu zügeln und Frieden zu finden.

ZEN-GARTEN
Dieser Mönch betrachtet einen Zen-Garten. Die sorgfältig gezogenen Linien im Kies sind selbst Gegenstand der Meditation.

DER AFFE IST NIE RUHIG

35 DER SCHNATTERNDE AFFE

Der Buddhismus vergleicht einen untrainierten Geist mit einem schnatternden Affen, der von einem Ast zum anderen springt. Der Affe ist nie ruhig, sondern immer in Bewegung. Das ist kein schmeichelhaftes Bild, aber wenn Sie auf Ihre Gedanken achten, die in Ihrem Kopf herumschießen, dann werden Sie feststellen, dass es ziemlich passend ist. Sie können sich trainieren, den Gedankenstrom in Ihrem Kopf wahrzunehmen und den schnatternden Affen zu beruhigen.

36 IHR BEWUSST-SEINSSTROM

Stellen Sie sich all das, was durch Ihren Geist fließt, als den Strom Ihres Bewusstseins vor. Sitzen Sie ruhig, richten Sie Ihre Aufmerksamkeit nach innen und beobachten Sie einfach Ihre Gedanken, wie sie kommen und gehen. Versuchen Sie das einige Minuten lang. Sie werden zunächst sehr selbst-zentriert sein, aber bald werden Ihre Gedanken natürlicher werden. Sie werden überrascht sein, was Sie in kurzer Zeit alles entdecken: ferne Erinnerungen, zukünftige Pläne oder unerwartete Bilder.

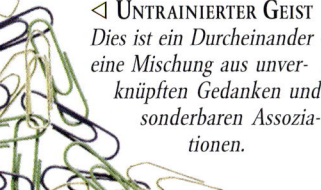

◁ **UNTRAINIERTER GEIST**
Dies ist ein Durcheinander – eine Mischung aus unverknüpften Gedanken und sonderbaren Assoziationen.

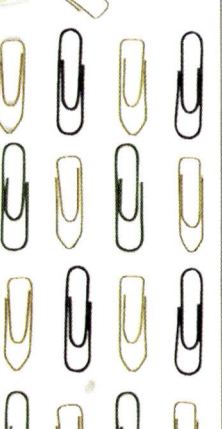

TRAINIERTER GEIST ▷
Den Gedankenstrom zu beobachten und Distanz zu entwickeln, ist ein erster Schritt zur Ordnung im Geist.

◁ **NOTIEREN**
Notieren Sie sich am Ende jeder Session, woran Sie sich erinnern können.

37 IST SITZEN REINE ZEITVERSCHWENDUNG?

Stillsitzen kann sich am Anfang seltsam anfühlen, besonders wenn Sie sonst sehr beschäftigt sind. Es ist jedoch ein Fehler, Stillsitzen mit Nichtstun gleichzusetzen. Sie schulen Ihren Geist um, damit er langfristig effektiver und kreativer ist. Kurze Pausen der inneren Ruhe werden Ihren Geist und Körper erfrischen. Anstatt Zeit zu verschwenden, machen Sie das Beste aus einem Moment. So verbrachte Zeit ist wertvoll. Fühlen Sie sich nicht schuldig, sondern nehmen Sie sich einfach Zeit für sich selbst.

38 EINEM GEDANKEN NICHT FOLGEN

Versuchen Sie, den Bewusstseinsstrom in Ihrem Geist zu beobachten, wie er schnell dahinfließt. Dieser Fluss endet nie, aber Sie können üben, sich von Ihren Gedanken zu lösen. Betrachten Sie sie als Wolken, die am Himmel vorbei ziehen oder sogar als Gegenstände auf einem Fließband. Jeder Gedanke wird neue Assoziationen mit sich bringen. Seien Sie sich dessen bewusst, aber lassen Sie die Gedanken ziehen und versuchen Sie, ihnen nicht zu folgen.

LASSEN SIE AUFTAUCHENDE GEDANKEN VORBEI ZIEHEN, OHNE SIE ZU BEACHTEN

39 ZWISCHENRÄUME AUFSPÜREN

Haben Sie das Gefühl, dass Sie den Kopf von ungewollten Gedanken befreien müssen? Wenn Sie Ihre Gedanken beobachten, machen Sie sich die kurzen Räume zwischen dem Ende eines Gedankens und dem Beginn eines anderen bewusst. Suchen Sie diese momentane Pause, egal wie kurz. Versuchen Sie, in diesem Raum geistig zu verweilen. Mit dieser Übung werden Sie fähig sein diesen Raum zu erweitern. Das Gefühl eines überfüllten Geistes wird sich abschwächen.

ZEIT NEHMEN
Versuchen Sie nicht, Zwischenräume zu finden, bevor Sie Ihre Gedanken beobachtet haben (Tipp 38). Schaffen Sie eine feste Basis, auf der Sie aufbauen können.

IM GEIST PLATZ ZU SCHAFFEN BRINGT KLARHEIT & OFFENHEIT

40 DER STILLE MOMENT

Es scheint unmöglich, heutzutage dem Lärm zu entkommen. Die Geräusche des täglichen Lebens müssen akzeptiert werden – aber geben Sie der Stille einen Platz in Ihrem Leben. Erinnern Sie sich daran, dass sie erholsam sein kann, und versuchen Sie daher, ab und zu Stille einkehren zu lassen, wenn sich zu Hause die Chance dazu bietet. Wenn Sie Radio oder Fernsehen zur Gesellschaft oder zur Ablenkung verwenden: Versuchen Sie es einmal mit Stille. Diese Übung wird Ihnen helfen, wenn Sie dem Lärm nicht entkommen können. Meditationsseminare beinhalten immer Zeiten erholsamer Stille.

LÄRM HINTER SICH LASSEN
Stille zu erleben wird Sie ermutigen, aufmerksamer auf die vielen Geräusche zu achten, die Sie umgeben.

41 ENDLICH FRIEDEN

Diese sanfte Übung soll Geist und Körper in Einklang bringen. Setzen Sie sich bequem hin und halten Sie sich warm. Entspannen Sie sich vollständig. Begeben Sie sich in Ihren eigenen meditativen Zustand und nutzen Sie das Zählen der Atemzüge *(Tipp 17)*, um sich auf Ihre Atmung zu konzentrieren. Auftauchende Gedanken lassen Sie im Geist vorbeiziehen. Verweilen Sie so und achten Sie dabei auf Ihre Atmung. Auch in einer geschäftigen Welt ist Frieden möglich.

EIN RUHIGER ORT
Nutzen Sie jeglichen schönen Ort in der Natur, um im Freien still zu meditieren.

MAXIMALER NUTZEN
Je öfter Sie still sitzen können, desto fähiger werden Sie, die Friedlichkeit ins Leben mitzunehmen.

MEDITIEREN MIT FARBEN

42 WARUM FARBEN?

Farbe hat für jeden von uns eine Bedeutung, auch wenn die Bedeutungen in verschiedenen Kulturen unterschiedlich sind. Ihre Symbolik ist universal und oft praktisch, wie z. B. bei Rot für Gefahr. Auch Gefühle werden inzwischen bestimmten Farben zugeordnet: Rot bedeutet Zorn und Leidenschaft. Um sich auf die Eigenschaften einer bestimmten Farbe zu beziehen, visualisieren Sie diese deutlich. Stellen Sie sie sich so vollständig wie möglich vor, in aller Tiefe und allem Reichtum. Denken Sie aber auch über die Eigenschaften nach, die Sie suchen.

△ **SELTENER ANBLICK**
Regenbogen bringen Glück, vielleicht weil sie alle Farben beinhalten und daher alle ihre Eigenschaften.

FARBRAD
Denken Sie über die Eigenschaften nach, die Sie in sich gerne verstärken würden. Wählen Sie eine Farbe zum Fokussieren aus.

ALLGEMEINER BEZUG
Sie sind immer von Farben umgeben. Die Tipps 42-53 helfen Ihnen, ihre Assoziationen in der Meditation zu nutzen.

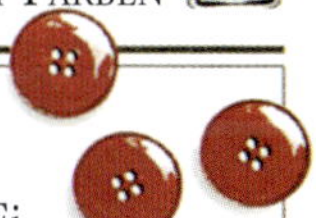

43 ROT: STÄRKE

Rot – die Farbe des Bluts – wird mit der Kraft des Lebens selbst assoziiert. In der fernen Vergangenheit wurde rotes Ocker bei traditionellen Bestattungszeremonien verwendet, als Zeichen für neues Leben nach dem physischen Tod. Rot wird oft als heiße Farbe bezeichnet. Sie bringt die Eigenschaften von körperlicher Stärke, Kraft, Leidenschaft und Dynamik in den Sinn. Rot kann übermächtig wirken, wenn es in Innenräumen verwendet wird, aber es ist eine beliebte Farbe für Autos, die Energie und Kraft verkörpern.

ROT: EIGENSCHAFTEN
Stützen Sie sich in Ihrer Meditation auf die starken, kraftvollen Eigenschaften von Rot – besonders dann, wenn Sie neue Ziele, Schwung, Energie und Mut brauchen.

△ **GEWALTIGE KRAFT**
Bei Rot denkt man fast immer an Feuer; beides bedeutet Gefahr. Warntafeln sind oft in Rot.

Rot ist in der Natur eine starke Farbe: Sie lockt an oder warnt

44 ORANGE: VITALITÄT

Orange ist eine warme Farbe, auch wenn sie nicht so stark wie Rot ist. Sie belebt und fördert Freude und Vitalität. Orange wird mit dem warmen Glühen des Sonnenuntergangs assoziiert sowie mit tropischen Früchten und exotischen Blumen. Sie steht oft in Zusammenhang mit sonnigen Klimazonen und die Sonne liebenden Menschen. Orange bietet Ihnen Glanz und Ausstrahlung, Aktivität und Engagement. Nutzen Sie diese Farbe und ihre Eigenschaften, wenn Sie Grenzen einreißen, Begeisterung in sich selbst entdecken und mehr Spaß am Leben bekommen wollen.

LEUCHTENDES GLÜHEN
Ein Sonnenuntergang kann wunderbar sein, wenn der Himmel für kurze Zeit in Orangetönen und -schattierungen erglüht.

WIEDERGEBURT AM HANG
Gelb scheint im Frühling überall zu sein, wenn die Erde nach dem Winter wieder erwacht.

45 GELB: KLARHEIT

Gelb hat keine Wärme wie die emotionalen Farben, obwohl es die Farbe der Sonne ist. Sie ist die sichtbarste aller Farben und wird international für Zeichen verwendet. Gelb steht in Verbindung mit geistiger Aktivität und der kreativen Inspiration, die von einem klaren und offenen Verstand kommt. Sie wird mit geistiger Entwicklung und dem Gebrauch abstrakter Ideen assoziiert. Wenn Sie durcheinander sind, lassen Sie einen Sonnenstrahl hinein. Nutzen Sie Gelb, wenn Sie Klarheit im Denken suchen, z. B. wenn Sie vor einer großen Entscheidung stehen.

46 GRÜN: ERNEUERUNG

Grün ist in der Natur die vorherrschende Farbe. Sie sehen sie vielleicht so oft, dass Sie die vielen verschiedenen Farbtöne gar nicht mehr bemerken. Natürliches Grün ist das Pigment Chlorophyll, das den Pflanzen hilft, Lichtenergie in Nährstoffe umzuwandeln. Es ist daher lebenswichtig für die Pflanzenwelt – das Beispiel einer natürlichen Verbindung zwischen Farbe und Licht. Grün ist zudem die Farbe des Frühlings, der mehr Tageslicht und neues Wachstum nach dem Winter bringt. Nutzen Sie Grün in der Meditation als Farbe für neues Wachstum, Erneuerung und Heilung.

◁ **QUAL DER WAHL**
Grün ist die ureigene Farbe der Natur. Öffnen Sie Ihre Augen für die vielen verschiedenen Grüntöne in der Natur.

DIE FARBE DER ERNEUERUNG

GRÜNE ▷ BEWEGUNG
Umweltschützer haben die Farbe Grün als Symbol für die Bewahrung und Achtung allen Lebens übernommen.

Grün ist oft eine Tarnfarbe

GRÜN: EIGENSCHAFEN
Nutzen Sie Grün und seine Eigenschaften für einen Neustart, neue Chancen oder inneres Wachstum in einem Lebensbereich.

47 BLAU: ENTSPANNUNG

Blau wird mit einem Zustand des entspannten Wohlseins und der Friedlichkeit assoziiert. Es hat auch eine überirdische Bedeutung: die alten Ägypter sahen das tiefblaue Mineral Lapislazuli, das manchmal mit Gold besprenkelt war, als Abbild der Himmelswelten an. Einige russisch-orthodoxe Kirchen haben blaue, mit goldenen Sternen übersäte Kuppeln. In der Meditation können Ihnen diese Verbindungen zu Ruhe, Frieden und Nachdenklichkeit verhelfen.

Nutzen Sie Blau und seine Eigenschaften, wenn Sie sich angespannt, gestresst oder unter Druck fühlen.

BLAUES UNIVERSUM
An den Lebewesen der Luft, wie z. B. Schmetterlingen und Vögeln, sieht die Farbe Blau besonders strahlend und himmlisch aus.

△ **DAS BLAUE MEER**
Wir sehen Blau in den Weltmeeren. Das ist eine Illusion, denn das Wasser reflektiert nur die Farbe des Himmels. Die Erde erscheint vom Weltall aus sehr blau.

48 INDIGO: HINGABE

Dieses tiefe violette Blau ist eine volle, dunkle Farbe. Sie ist in der Natur sehr selten und schwer zu gewinnen. Daher steht sie für versteckte Tiefen, Geheimnis und Verborgenheit. In der Vergangenheit waren spirituelle Traditionen, wie z. B. die Meditation, oft geheim. Die Seltenheit des Indigo ist Grund für Assoziationen mit kaiserlicher Macht und Religion. Indigo bedeutet ein Bekenntnis zu spirituellen Werten, menschlichem Potenzial und der Erweiterung des Geistes.

INDIGO: EIGENSCHAFTEN
Nutzen Sie Indigo und seine Eigenschaften, wenn Sie Ihr Engagement auf einem spirituellen Weg erneuern oder neue Wege persönlichen Einsatzes suchen möchten.

49 VIOLETT: HARMONIE

Violett ist eine Farbe der Klarheit und der Leichtigkeit. Es ist die letzte Farbe des Regenbogens und das Gegenstück zu Rot, was durch seine Eigenschaften deutlich wird. Die Farbe Violett deutet auf die Empfindsamkeit der Seele hin und steht eher für das Universelle statt für das Individuelle oder Persönliche. Violett beruhigt die Leidenschaften, indem es eine gemeinsame Einheit und Harmonie ausdrückt.

Genießen Sie die Farbe Violett durch die kurzlebige Schwertlilie

VIOLETT: EIGENSCHAFTEN
Nutzen Sie seine Eigenschaften, wenn Sie bereit sind, Ihre persönlichen Wünsche zugunsten des universellen Friedens hintanzustellen.

Die Natur geht sparsam mit Indigo um

50 WEISS: GANZHEIT

Weißes Licht besteht aus allen 7 Farben des Regenbogens, daher symbolisiert es Ganzheit und spirituelle Reinheit. Eine weiße Flagge bedeutet Waffenstillstand, das heißt Frieden. Weiß hat verschiedene Assoziationen, aber es steht universell in Verbindung mit Übergangsriten. Neugeborene, Bräute und die Verstorbenen werden oft in Weiß gekleidet. Es wird bei religiösen Riten zum Eintritt in das spirituelle Leben getragen, wie z. B. bei Taufen und Firmungen. Diese Momente des Übergangs in ein neues Leben drücken einen Glauben an universelle Wahrheiten aus.

REINES WEISS
Visualisieren Sie weiße Bilder, um Ihren Sinn für Ganzheit und Reinheit zu stärken.

51 SILBER: INTUITION

Silber wird mit dem Mondlicht verglichen. Es steht für das Unterbewusstsein, einschließlich Ihrer Träume und verborgenen Gefühle. Das Mondlicht ist sanft und daher bleibt in seinem Bereich vieles verborgen. Der silberne Mond kommt in der Mythologie immer wieder vor, wo er das Geheimnisvolle repräsentiert, verborgene Kräfte des Geistes und der Seele.

◁ **SILBERNES LICHT**
Der Mond steht oft für das Feminine, das vielleicht natürlich intuitiv ist. Entdecken Sie mit Silber Ihr unterbewusstes Leben.

Die silberne Perle steht in Verbindung mit dem Weiblichen und dem Mond.

52 GOLD: HOHE ZIELE

Gold verliert nie an Wert. Es ist ein universelles Symbol für Vollkommenheit und Ewigkeit. Es steht für den unsterblichen Teil der menschlichen Natur, die Seele selbst. Jede Zivilisation behielt Gold seinen wichtigsten Kunstwerken vor. Heilige Statuen und religiöse Gegenstände wurden und werden aus Gold gemacht, um die Göttlichkeit für die Gemeinschaft auszudrücken. Nutzen Sie Gold und seine Eigenschaften, um Ihre spirituelle Natur auszudrücken.

GOLD: EIGENSCHAFTEN
Wenn Sie Ihr Bestes für eine gemeinsame Sache geben möchten, meditieren Sie über Gold. Lassen Sie Ihr Bestreben strahlen.

GETRÜBTES BILD
Gold kann Gier erwecken, wenn nur mehr der materielle Wert zählt.

Wertvollstes Metall und Zeichen höchsten Wertes

53 REGENBOGEN-LICHT-ÜBUNG

Sie können über den Regenbogen als Symbol von Potenzial meditieren. Stellen Sie sich vor, unter seinem Bogen zu sitzen. Sehen Sie die leuchtenden Farben. Denken Sie bei jeder Farbschicht über die Qualitäten nach, für die sie steht. Meditieren Sie zum Abschluss über alle Farben als Anzeichen Ihres zukünftigen Potenzials. Sie können über die einzelnen Farben meditieren, indem Sie jede als eine Lichtsphäre an bestimmten Stellen im Körper visualisieren (unten).

Violettes Licht zeigt Ihren spirituellen Sinn und Ihr spirituelles Bewusstsein

Blaues Licht nahe dem Hals beeinflusst die Kommunikation

Gelbes Licht ruht dort, wo Sie sich nähren. Es zeigt dynamischen Willen

Rotes Licht enthüllt Ihr Körperbewusstsein und Ihr Vertrauen in Ihren Körper

Indigo-Licht liegt bei der Intuition und den Träumen; hier arbeiten beide Gehirnhälften zusammen

Grünes Licht in der Herzgegend steht für das Erwachen und die Gesundheit der Liebe

Orange beleuchtet Fortpflanzung, Sexualität und Offenheit anderen gegenüber

ACHTSAMKEIT IN JEDEM MOMENT

54 AUFMERKSAM LEBEN

Jeder Tag besteht aus gewöhnlichen Momenten. Sie können sich entscheiden, ob Sie sich an kleine Vorfälle erinnern oder ob Sie sie vergessen möchten. Vergessen ist einfach – viel schwerer ist es, sich zu erinnern. Versuchen Sie sich zu erinnern, was Sie gestern Vormittag oder heute getan haben. Nehmen Sie jeden Moment wahr, wenn er passiert. Nutzen Sie diesen Abschnitt des Buches, um ab jetzt jeden Moment bewusst zu erleben und festzuhalten.

△ NICHTS IST ZU KLEIN
Beim aufmerksamen Leben geht es darum, alles bewusst wahrzunehmen. Nichts ist zu unwichtig, um beobachtet zu werden.

GUT FÜR DEN GEIST
Sie werden schnell lernen, sich effektiv erinnern und aus jeder Situation das Beste machen.

Auch gewöhnliche Dinge aufmerksam zu tun, lässt Sie jeden Moment wahrnehmen.

55 DAS BEOBACHTENDE SELBST

Wie gut kennen Sie sich selbst? Aufmerksam leben heißt auch, Selbstbeobachtung zu entwickeln. Versuchen Sie, alles was Sie tun, aus der Perspektive eines Beobachters zu sehen. Das ist, als hätte man einen inneren Zeugen. Sich selbst zu beobachten bringt Objektivität ins Leben. Indem Sie Ihre Reaktionen und Antworten sehen, werden Sie viel über sich selbst lernen.

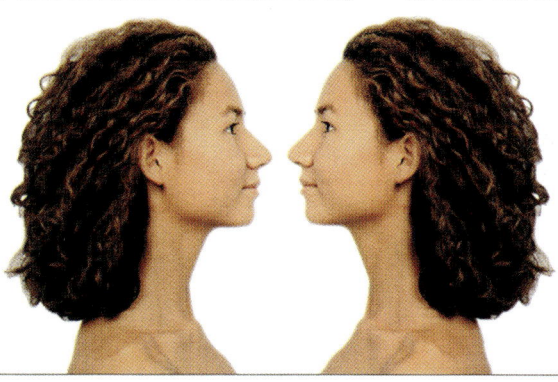

DER EIGENE ZEUGE
Selbsterkenntnis wächst durch das aufmerksame Beobachten seiner selbst. Sie werden der Gegenstand Ihrer eigenen Meditation. Versuchen Sie sich nicht zu beurteilen. Beobachten Sie sich lediglich.

56 DEN ATEM BEOBACHTEN

Versuchen Sie, aufmerksam zu atmen. Setzen Sie sich bequem zum Meditieren und konzentrieren Sie sich darauf, die körperliche Berührung Ihrer Atmung zu entdecken. Das kann über der Oberlippe oder an der Nasenspitze sein. Atmen Sie normal, aber konzentrieren Sie sich mental auf das Gefühl der Berührung durch die Luft. Sagen Sie beim Einatmen leise „ein" und beim Ausatmen leise „aus" vor sich hin, um die Konzentration zu halten. Probieren Sie das fünf Minuten lang.

RUHIG & AUFMERKSAM
Aufmerksames Atmen hilft Ihnen ruhig und aufmerksam zu werden. Atmen Sie tief und gleichmäßig.

Konzentrieren Sie sich auf das Fühlen der Atmung

Bewusstes Atmen ist im Buddhismus sehr wichtig

57 DEN KÖRPER BEOBACHTEN

Stellen Sie sich diesen Prozess als Kennenlernen Ihres physischen Selbst vor: Verwechseln Sie das nicht mit dem höheren Selbst. Machen Sie sich bewusst, wie Sie sich zu jeder Zeit bewegen. Wie bewegen Sie sich in verschiedenen Situationen? Ihr Körper spiegelt Ihren Gemütszustand wider. Beobachten Sie Ihren Körper mit Objektivität und lernen Sie ihn verstehen. Was drückt Ihr Körper jetzt aus – Freude, Last, Sorge, Frieden, Angst oder Freiheit?

SCHRITT FÜR SCHRITT
Beobachten Sie Ihren Körper bei der Ausführung einer einfachen Bewegung. Beginnen Sie mit der Abfolge eines einzelnen Schrittes.

SORGFÄLTIG WAHRNEHMEN
Seien Sie sich all dessen bewusst, was passiert. Fragen Sie sich in jeder Situation, was genau Sie erleben und fühlen.

58 EIGENE REAKTIONEN BEOBACHTEN

Das bedeutet einfach nur, Ihre Reaktionen auf Erfahrungen zu beachten. Mögen oder hassen Sie manche Dinge oder sind sie Ihnen egal? Werden Sie sich all dieser Reaktionen und Antworten bewusst. Sie werden Selbsterkenntnis gewinnen, wenn Sie sich all dessen, was Sie tun, denken und fühlen, bewusst sind. Sie reagieren vielleicht so, wie es erwartet oder gefordert wird. Wenn Sie das andauernd tun, unterdrücken Sie die direkte Erfahrung und Ihre eigenen Reaktionen. Es wird Ihnen zunächst künstlich vorkommen, Ihre eigenen Reaktionen zu beobachten, aber mit der Zeit wird es natürlich und einfach. Versuchen Sie es für kurze Zeit.

59 DIE EIGENEN GEFÜHLE BEOBACHTEN

Versuchen Sie, Ihre Selbsterkenntnis zu steigern, indem Sie Ihre Gefühle und Gemütszustände beobachten. Handlungen geschehen oft ohne Nachdenken; Verhaltensmuster werden wiederholt und lassen keinen Raum für Veränderung. Selbstbeobachtung gibt Ihnen eine neue Sichtweise. Sie können die Muster selbst sehen, ändern und entscheiden, wie Sie sich an einem bestimmten Punkt verhalten. Also halten Sie inne und sehen Sie sich an.

WER IST SCHULD?
Versuchen Sie, eine Konfrontation nicht im Sinne von Schuld oder Fehler zu sehen. Sie verstehen dann Ihre Reaktionen besser.

SEIEN SIE EHRLICH
Sie werden vermutlich Schuld, Angst oder Neid unter Ihren Gefühlen entdecken. Nehmen Sie sich aber auch Zeit für Ihre guten Seiten.

60 ERKENNTNIS – DAS GESCHENK DER MEDITATION

Die Einsicht in Sie selbst fühlt sich wie ein plötzlicher Moment großer Klarheit an. Er bringt eine wertvolle neue Perspektive auf Ihr Leben und ein tiefes Gefühl des Wissens, das nicht auf üblichem Lernen beruht. Sie können Einsicht gewinnen, indem Sie Aufmerksamkeit im Leben üben. Sie werden klarer sehen, wenn Sie sich selbst beobachten. Ein Moment der Einsicht ist eine persönliche Erfahrung. Er kann Ihnen eine neue Sicht der Welt erschließen.

ÄUSSERES & INNERES WOHLBEFINDEN

61 GESUNDHEIT & VITALITÄT

Ihre körperliche Gesundheit ist eng verknüpft mit Ihrem emotionalen und seelischen Zustand. Das neue Bewusstsein, das Sie durch die Meditation erlangen, verhilft Ihnen zu tieferen Einblicken in alle Aspekte Ihres Lebens. Denken Sie über Ihr Wohlbefinden nach und fragen Sie sich:

• Schlafe ich gut?
• Habe ich gute Ausdauer- und Energiereserven?
• Habe ich wiederkehrende leichte Krankheiten wie Husten oder Erkältung?
• Verschaffe ich mir regelmäßig Bewegung?
• Esse ich ausgewogen?
• Habe ich süchtig machende Angewohnheiten, wie z. B. Rauchen?

◁ ENERGIESCHUB
Fitness bewirkt ein positiveres Aussehen, mehr Energie und stärkere Abwehrkräfte.

TEUFELSKREIS ▷
Wachen Sie müde auf? Wenn Sie ausgelaugt sind, ist es schwer zu entspannen und die nötige Ruhe zu bekommen.

Bewegen Sie sich täglich, z. B. bei einem flotten Spaziergang.

ZEIT FÜR NEUES?
Die obigen Fragen helfen, über Ihre Gesundheit nachzudenken und mögliche Veränderungen ins Auge zu fassen.

62 EMOTIONALES WOHLBEFINDEN EINSCHÄTZEN

Für ein gesundes Gefühlsleben ist die Fähigkeit zur Kommunikation und zu dauerhaften Beziehungen sehr wichtig. Wie steht es um Ihre emotionale Gesundheit heute?

• Schließen Sie Freundschaften und Beziehungen und halten diese lange?

• Sind Sie ein guter Freund, Elternteil, Partner, Sohn oder eine gute Tochter?

• Können Sie anderen gegenüber Liebe und Zärtlichkeit ausdrücken?

• Können Sie mit Wut umgehen?

• Können Sie Vergebung annehmen und auch anderen und sich selbst verzeihen?

DIE LAST TEILEN
Mit Freunden zu reden hilft mit schwierigen Gefühlen umzugehen. Können Sie gut zuhören?

UM HILFE BITTEN
Haben Sie keine Angst, bei seelischen Problemen Hilfe zu suchen: z. B. bei Therapeuten, Selbsthilfegruppen und Beratern.

63 BLOCKIERTE EMOTIONEN

Meditation kann Ihnen helfen, sich der Verbindungen zwischen Ihrem Körper, Ihren Gedanken und Gefühlen bewusst zu werden. Wenn Sie Ihre Gefühle nicht im richtigen Moment zum Ausdruck bringen, dann stauen sie sich und werden zu einer unsichtbaren Last. Das wiederum verursacht Frustration und Groll. Und irgendwann geraten Ihre Gefühle außer Kontrolle. Ignorieren Sie kleine Ärgernisse und drücken Sie andere ruhig aus.

ISOLIERT
Nicht zu kommunizieren löst kein Problem. Manchmal kann eine dritte Partei helfen.

64 DER GEPANZERTE KÖRPER

Geist und Körper sind eine Einheit. Wenn sie in Einklang stehen, fühlen Sie sich gut. Ihr gesamtes Leben ist in Ihrem Körper gespeichert. Emotionale Schmerzen können sich als Blockaden manifestieren – dann kann die Lebensenergie nicht frei fließen. Sehen Sie die „Lebensenergie" als den Fluss Ihres Lebens an. Er sollte dynamisch durch Ihren Körper fließen, wird aber manchmal gestaut und langsam. Das kann so allmählich geschehen, dass Sie es nicht bemerken. Behandlungen wie Akupunktur und Shiatsu-Massagen, die das natürliche Energie-Gleichgewicht wieder herstellen, wirken wunderbar belebend.

Ihr Hals beherbergt die Stimme. Hier können Probleme auftreten, wenn Sie nicht sagen, was Sie meinen. Worte herunterzuschlucken erstickt Ihren eigenen kreativen Ausdruck.

Atemschwierigkeiten können einen tiefen Schock widerspiegeln. Sie machen vielleicht normal weiter, aber ein Trauma verschlägt Ihnen buchstäblich „den Atem".

Ihre Beine tragen Sie. Schmerzen im unteren Beinbereich können bedeuten, dass Sie Angst davor haben, in die Zukunft zu gehen. Schmerzen im oberen Beinbereich zeigen oft Kindheitstraumata an.

Mit Ihren Füßen gehen Sie hinaus ins Leben. Fußprobleme symbolisieren Zukunftsängste – gehen Sie mit Vorsicht oder Vertrauen?

Der Kopf ist so etwas wie das Kontrollzentrum. Selbstkritik und harte Urteile verursachen Verspannungen und Kopfschmerzen.

Tragen Sie viel Verantwortung? Stress bewirkt oft eine schlechte Haltung und Muskelverspannungen in Schultern, Nacken und Rücken.

Ihr Magen reagiert sehr empfindlich auf Ihren Gefühlszustand. „Schmetterlinge" im Bauch bedeuten Angst. Sie müssen Lebenserfahrungen verdauen; wenn es Ihnen zu viel wird, können Sie sagen „das liegt mir schwer im Magen".

BEOBACHTEN SIE SICH
Krankheiten können Ereignisse im Leben widerspiegeln, aber konsultieren Sie bei physischen Symptomen immer einen Arzt.

65 STRESS KONTROLLIEREN

Positiver Stress ist gesund – er motiviert und hilft erfolgreich zu sein. Stress durch gegensätzliche äußere Faktoren kann jedoch belastend sein. Können Sie in Ihrem Leben mit widersprüchlichen Anforderungen umgehen? Reduzieren Sie schädlichen Stress, indem Sie Ihre Ziele und Ihr Tagespensum neu definieren. Wenn Sie bereit sind, schalten Sie einen Gang runter: Finden Sie eine neue Perspektive und ein neues Selbstwertgefühl; fangen Sie an, anders zu leben. Mit 10 Minuten Entspannung täglich fühlen Sie sich unter Umständen wesentlich besser.

ANZEICHEN VON SCHÄDLICHEM STRESS
Wenn der Stresspegel steigt, wird der Puls schneller, Blutdruck und Atemgeschwindigkeit steigen an und Sie fangen an zu schwitzen.

66 DEHNEN & LOSLASSEN

Da sich Spannungen in Ihrem Körper widerspiegeln, können Sie verspannte Bereiche beruhigen, bevor sie sich festsetzen. Dehnungsübungen lösen häufig gewöhnliche Verspannungen, die durch Fehlhaltungen am Arbeitsplatz verursacht wurden. Die Massage ist eine besonders entspannende Methode, um tiefere Verspannungen zu lösen. Sie können auch an Kursen in Alexander-Technik teilnehmen: Dort lernen Sie sich bewusst zu bewegen und Schaden zu vermeiden.

HEILENDE HÄNDE
Rolfing ist eine Methode der Massage, mit der tiefe emotionale Blockaden aus der Vergangenheit gelöst werden sollen. Lassen Sie sich nur von einem qualifizierten Rolfer behandeln.

67 MEDITATION IN BEWEGUNG

Meditation kann viele Formen annehmen. Sie kann aktiv sein, wenn Geist und Körper bewusst vereint sind. Viele Kulturen haben dieses Prinzip angewendet. Sowohl Yoga (aus Indien) als auch T'ai Chi Ch'uan (aus China) integrieren Geist und Körper durch Vi-sualisierung, Atmung und Bewegung. Solche alten Praktiken wirken auf Ihre universelle Lebensenergie (Indisch *prana* oder chinesisch *chi*). Somit sind diese dynamischen Körper-Geist-Systeme für den ganzen Menschen wohltuend.

◁ **T'ai Chi Ch'uan**
Entspannte und ausgewogene Bewegungen, koordinieren Geist und Körper.

Tragen Sie beim üben bequeme Kleidung

△ **Yoga**
Yoga bringt Geist, Körper, Atmung und Seele in Einklang. Jede Stellung verlangt Konzentration.

Achten Sie auf alle Elemente einer Stellung

Das Leben drückt sich durch Bewegung aus.

Natürliche Balance
Körper-Geist-Systeme bewirken Flexibilität, Geschmeidigkeit und geistige Wachheit. Das Üben bringt Ihre Lebensenergie aktiv ins Gleichgewicht.

Tanzen ▷
Tanz wird auch in der Meditation eingesetzt. Sehen Sie ihn als Ausdrucksmöglichkeit.

Sich tanzend zu bewegen macht Spaß. Tanzen Sie einfach nur für sich selbst.

68 DIE LEBENSQUELLE

Stellen Sie sich ein tiefes Becken in der Erde vor, das die Quelle von Vitalität und Energie ist. Atmen Sie ein und fühlen Sie, wie diese Energie als flüssiges Licht durch Ihre Fußsohlen in Ihren Körper fließt, die Beine hinauf und in die Wirbelsäule. Sobald dieses flüssige Licht die Oberseite Ihres Kopfes erreicht, sprudelt es hervor wie ein Springbrunnen. Beim Ausatmen strömt diese Energie zurück zum Boden und wird vom Becken aufgenommen. Fühlen Sie sich gestärkt bei jedem Einatmen und gereinigt bei jedem Ausatmen.

STÄRKENDE ÜBUNG
Diese Meditation ist gedacht für drei ganze Atemzyklen. Diese Übung eignet sich besonders, wenn Sie sich belebt und gereinigt fühlen möchten – z. B. als Vorbereitung für eine bewegte Meditation.

STÄRKEND & REINIGEND

ERFRISCHENDER BRUNNEN
Frischen Sie Ihre Energie auf, indem Sie einen Innenhof schaffen.

69 REVITALISIERUNG

Diese Übung gibt Ihnen einen schnellen Energieschub während des Tages. Setzen Sie sich bequem hin. Ziehen Sie sich geistig etwas an, dass zu Ihrem inneren Selbst passt. Wenn Sie bereit sind, stellen Sie sich vor, Sie stehen in einem schönen Innenhof voller exotischer Blumen und Weinreben. Die Luft ist warm. In der Mitte steht ein Brunnen, aus dem kristallklares Wasser sprudelt und an dessen Seiten verschiedene Trinkbecher hängen. Treten Sie heran, wählen Sie einen Becher und füllen Sie ihn am Brunnen. Trinken Sie und lassen Sie Geist, Körper und Seele davon mit neuem Leben und neuer Vitalität erfüllen.

ÜBER DIE WELT MEDITIEREN

70 KOSMOLOGIE FRÜHERER ZEITEN

Es ist natürlich, sich für die große Welt der Sterne und Planeten zu interessieren. Jede Kultur erklärt den Ursprung und die Natur des Universums auf eigene Art und Weise. Die 4 Elemente und die Qualität des Äthers werden im Osten wie im Westen dafür verwendet. Der tibetische Buddhismus beschreibt die universellen Kräfte mithilfe des Mandala *(Tipp 23)*, einem symbolischen Muster von Beziehungen. Diese Muster können gemalt, gebaut oder aus farbigem Sand sein. Heilige Gebäude und Begräbnisstätten, wie z. B. die buddhistischen Stupas, enthalten oft kosmische Symbole.

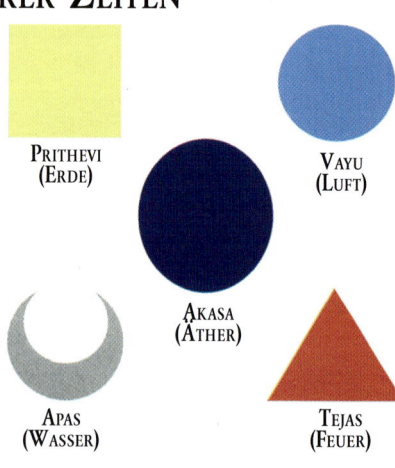

PRITHEVI
(ERDE)

VAYU
(LUFT)

AKASA
(ÄTHER)

APAS
(WASSER)

TEJAS
(FEUER)

△ ÖSTLICHE TATTVAS
Diese elementaren Symbole (Tattvas) werden einzeln und in Kombinationen in der Meditation verwendet.

◁ SAKRALARCHITEKTUR
In der Großen Stupa von Sanchi in Indien steht die Kuppel für den Himmel, der die Erde umschließt. Der Tempel enthält auch kosmische Symbole.

Erde: Der fünfzackige Stern steht für eine ausgestreckte Menschengestalt im Kreis der Erde. Er verweist auf die Erde und die Sinneseindrücke.

Feuer: Der Stab steht für Feuer. Sein Funke verweist auf das Feuer des höheren Geistes, die Intuition.

Luft: Das Schwert schneidet und teilt. Es steht für Luft und Geist, es teilt Gedanken mit Klarheit

WESTLICHE SYMBOLE
Schon die alten Griechen beschrieben die 4 Elemente. Später verbanden die Alchemisten die Elemente mit den 4 Urstoffen. Der heilige Gral steht für die Suche nach der Seele im Leben.

Wasser: Ein Pokal oder Kelch steht für das Element Wasser und die Gefühle.

◁ **ALLE 4 ELEMENTE**
Wenn Sie über die Elemente meditieren, stellen Sie fest, dass Sie sie nicht wirklich trennen können. Dies ist ein Beispiel für die Zusammengehörigkeit aller Dinge im Universum.

UNENDLICHKEIT
Der Himmel ist ein Ort großer Aktivität. Sehen Sie die Sterne an. Meditieren Sie über die Weite.

71 ERDE, LUFT, WASSER & FEUER

Die Elemente Erde, Luft, Wasser und Feuer erscheinen oft in alten und neuen kosmischen Modellen. Diese Elemente, mit dem Zusatz von Seele, Licht und Raum, sind immer noch ein gängiger Ausgangspunkt bei vielen Meditationsarten: Sehen Sie genau hin und Sie werden sie überall entdecken. Jedes hat spezielle Eigenschaften. Wenn Sie sich beim Meditieren darauf konzentrieren, hilft es vielleicht, ein Stück des echten Elements in der Nähe zu haben oder sich ein Symbol vor das geistige Auge zu rufen, das für diese Eigenschaft steht *(Tipp 70)*. Eine Meditation über die Elemente wird Ihre Aufmerksamkeit im Alltag schärfen.

DAS OBERE GLEICHT DEM UNTEREN
In der Antike sollte dieser Ausspruch die Einheit des Universums definieren. Zusätzlich zu den 109 Elementen haben nun Physiker die verbindende subatomare Welt entdeckt.

ALT WIE DIE BERGE
Die Zeitskala der Natur relativiert alles. Wie alt ist ein Berg?

72 ERDE: WURZELN SCHLAGEN

Einige Traditionen sehen die physische Welt nur als Sprungbrett auf der Reise in ein zukünftiges Leben in einer anderen Welt. Werden Sie sich Ihrer Beziehung zur Erde bewusst. So werden Sie Ihr Bewusstsein im Hier und Jetzt platzieren. Sie werden das Beste aus dem Alltag holen und sich fest in der Erde verwurzeln. Fühlen Sie sich vom Leben abgeschnitten oder mit dem Leben verbunden? Stellen Sie sich beim Meditieren Bilder der Erde vor: Berge und Wüsten, Täler und Ebenen, fruchtbare Felder und kahle Felsen. Am Anfang der Meditation könnten Sie eine Schüssel mit Erde füllen und vor sich hinstellen.

73 LUFT: ALTE VORSTELLUNGEN LOSLASSEN

Luft ist unsichtbar, aber lebenswichtig. Die Luft steht nie still, aber Vorstellungen können zu fest werden. Ist es Zeit, den Wind der Veränderung durch Ihren Geist wehen zu lassen? Visualisieren Sie beim Meditieren über Luft verschiedene Bilder: eine sanfte Brise oder einen Windstoß, einen Wirbelwind oder einen Sandsturm. Unerwartete Veränderungen können Wirbel erzeugen. Die Meditation hilft Ihnen, Ihre Vorstellungen immer wieder neu zu überdenken.

DIE KRAFT DER LUFT
Zünden Sie für diese Übung ein Räucherstäbchen an und beobachten Sie, wie der Rauch aufsteigt.

74 WASSER: WAHRE GEFÜHLE FREISETZEN

Sie bestehen größtenteils aus Wasser, das viele wichtige Eigenschaften hat: Wasser reinigt, stärkt, stillt Durst und erfrischt den Körper. Es ist lebensnotwendig. Wasser steht in Verbindung mit Gefühlen, z. B. Tränen. Wie Wasser können auch Emotionen tief, kristallklar oder aufgestaut sein. Was davon beschreibt Ihre Gefühle? In dieser Meditation sollten Sie sich Bilder von Flüssen und Wasserfällen, Strömen und Meeren, Seen und Regentropfen vorstellen.

LEBENSWICHTIGES ELEMENT
Beginnen Sie Ihre Meditation damit, eine Schüssel klares Wasser vor sich hin zu stellen.

75 FEUER: DYNAMISCHE VERÄNDERUNG

Feuer entsteht auf natürliche Art und Weise und bringt immer dynamische Veränderungen mit sich. Feuer hat viele verschiedene Eigenschaften. Es spendet Licht und Wärme; es reinigt und verbraucht; es ist gefährlich, aber notwendig. Stellen Sie sich in der Meditation Bilder von Vulkanen und einem Waldbrand vor, Herdfeuer und Lagerfeuer, einen brennenden Scheiterhaufen, Leuchtfeuer und eine einzelne Flamme. Manchmal müssen Sie das Alte verbrennen, um Platz für das Neue zu schaffen.

△ **KRAFT DER VERÄNDERUNG**
Feuer ist oft langfristig konstruktiv, auch wenn es viel Schaden verursachen kann. Vulkaneruptionen können neue Landflächen schaffen.

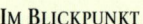

Feuer ist ein Vorzeichen, das sowohl Zerstörung als auch Heilung ankündigen kann.

IM BLICKPUNKT
Das Anzünden einer Kerze ist weltweit ein spiritueller Akt. Meditieren Sie auf die Flamme.

76 DER EINFLUSS DER SEELE

Die 4 Hauptelemente können als Aspekte einer fünften Qualität gesehen werden: der Seele. Sie können die Seele nicht durch Ihre 5 Sinne entdecken. Sie ist universell, aber Sie werden sie nie direkt sehen. Sie können sie nicht verstehen und dennoch hängt alles Leben davon ab.

Die Seele zeigt, wie alle Elemente verbunden sind. Auch die Liebe ist unsichtbar, jedoch Teil Ihres Lebens. Indem Sie Liebe geben und empfangen, finden Sie Sinn und Einbindung. Meditieren Sie über universelle Liebe, um über die Eigenschaften der Seele nachzudenken.

77 LICHT: INNERE KLARHEIT

Auch wenn Sie selten über natürliches Licht nachdenken, so können doch lange Zeiten der Dunkelheit oder schlechtes Licht Ihre Laune und Ansichten negativ beeinflussen. Denken Sie über die Notwendigkeit des Lichts nach, über den Übergang von Nacht zu Tag und das unterschiedliche Licht der Jahreszeiten. Visualisieren Sie Bilder eines Prismas, Regenbogens, Himmels oder des Sonnenscheins. Werden Sie sich der Lichtqualität in Ihrem Alltag bewusst.

KLARES SPIEGELBILD
Ihr Geist ist wie ein Spiegel. Sie können diesen Spiegel mental „reinigen", damit die Realität klarer reflektiert wird.

NATUR & LICHT
Natürliches Licht verändert seine Eigenschaft, wenn der Tag länger wird. Diese Wirkung zeigt das Einssein der Natur.

78 RAUM: UNENDLICHE MÖGLICHKEITEN

Raum ist eine weitere abstrakte Qualität, die Sie nicht bemerken, bis Ihr eigener Raum eingeschränkt wird. Weite, offene Flächen haben eine besondere Eigenart. Das kann Ihnen eine neue Sichtweise auf die Gedanken geben, die Ihren Geist täglich füllen. Stellen Sie sich in der Meditation die Unendlichkeit des Himmels vor, die Weite einer leeren Landschaft und die unendlichen Möglichkeiten des Geistes selbst.

RAUM IN SICH FINDEN
Ihr Geist ist so unendlich wie der Weltraum. Seine einzigen Grenzen haben Sie selbst geschaffen.

LEBEN DURCH MEDITATION

79 NACH AUSSEN GEHEN

Bei der Meditation geht es um mehr als nur nachdenklich zu Hause zu sitzen. Es geht darum, Verbindungen zum Alltag aufzubauen. Nehmen Sie Ihren meditativen Geist überallhin mit.

Seien Sie wachsam, aufnahmebereit und beobachten Sie alles, was um Sie herum geschieht. Nehmen Sie die positiven Auswirkungen der Meditation mit in den Tagesablauf.

HEKTISCHES TREIBEN
Meditation bedeutet nie, dem Leben zu entfliehen. Also nehmen Sie mit Freude daran teil, aber seien Sie immer aufmerksam.

NEUE SICHTWEISE
Seien Sie im Alltag aufmerksam und Sie werden in jeder Situation viel mehr sehen.

80 OFFENE AUGEN, OFFENES HERZ

Die Meditation wird Ihr Herz und Ihren Geist aufwecken. Sie sollten klarer sehen, besser verstehen und tiefer fühlen. Je mehr Sie bemerken, desto mehr werden Sie sehen. Ihre tiefere Wahrnehmung schafft eine stärkere

Verbindung zum Leben. „Schlafwandeln" Sie nicht durch den Tag. Öffnen Sie Ihre Augen für alles und seien Sie mit ganzer Kraft bei dem, was Sie tun. Wenn Sie mit offenen Augen sehen, wird sich auch Ihr Herz öffnen.

81 SCHÖNHEIT IM LEBEN ENTDECKEN

Es ist manchmal schwer, Schönheit im Leben zu finden, aber – wo auch immer Sie leben – mit Ihrer neuen Wahrnehmung können Sie Schönheit im Kleinen, Alltäglichen und Unscheinbaren erkennen. Werden Sie sich der verschiedenen Farben, Beschaffenheiten und Geräusche der Natur bewusst. Sehen Sie alles mit frischen Augen und nur so, wie es tatsächlich ist. Schätzen Sie eine freundliche Geste. Seien Sie stolz auf eine gut erledigte schwere Aufgabe. Sie werden Gutes oder Schönes in allem finden können. Sie müssen nur hinsehen.

EIGENE ZEICHEN
Schaffen Sie sich Ihre eigene Vorstellung von Schönheit. Das ist besonders wichtig, wenn Sie an einem unangenehmen Ort leben.

SCHÖNHEIT WERTSCHÄTZEN
Die Natur wurde im Laufe der Geschichte verändert. Sie wird nur unbeschadet bleiben, wenn wir uns aktiv um sie kümmern.

82 ALLES WERTSCHÄTZEN

So wie sich Ihr geistiger Horizont erweitert, werden Sie sowohl Leid (großes und kleines) als auch Schönheit in der Welt entdecken. Das anzuerkennen ist ein unvermeidlicher Teil Ihres größeren Bewusstseins. Sehen Sie Leid mit Mitgefühl.

HILFE ANBIETEN, WO SIE GEBRAUCHT WIRD
Mitfühlende Handlungen wachsen ganz natürlich aus der Meditation. Wenn Not am Mann ist, werden Sie helfen wollen.

83 HERAUSFORDERUNGEN MEISTERN

Probleme und Rückschläge sind Teil des Lebens, also haben Sie keine vorgefasste Meinung darüber, wie Dinge sein müssen. Rückschläge bedeuten oft Enttäuschung, können aber auch neue Herausforderungen bringen. Grübeln Sie nicht über enttäuschte Erwartungen, sondern nehmen Sie an, was kommt, und versuchen Sie nicht, Zukünftiges vorwegzunehmen. Ihre Sprache ist ein Anzeichen für Ihre Einstellung. Ist das Glas halb voll oder halb leer? Mit einer neuen Einstellung können auch Rückschläge Chancen werden.

GUTE STRATEGIE
Tägliche Probleme sind Teil des Lebens. Bleiben Sie ruhig, denken Sie klar und lassen Sie sich nicht von Ihren Ängsten niedermachen.

SICHTWEISE VERÄNDERN
Viele Ärgernisse des Alltags sind nicht so bedeutsam. Nehmen Sie sie nicht allzu wichtig.

ZEIT FÜR VERÄNDERUNG
Auch vorhersehbare Veränderungen, wie z. B. der Ruhestand, können einen Schock auslösen. Nehmen Sie sich genug Zeit für die Umstellung.

84 AUF VERÄNDERUNG REAGIEREN

Veränderungen können an den Grundfesten Ihres Lebens rütteln, aber das Leben verändert sich ja dauernd. Diese Erkenntnis erleichtert es Ihnen, mit plötzlichen Veränderungen umzugehen. Achten Sie dann auf Ihre Gefühle und lassen Sie den Gedanken zu, dass Sie damit ein Problem haben. Verbergen Sie Ihre Gefühle nicht: Gemeinsam mit Familie oder Freunden können Sie Sorge, Angst und Verwirrung überwinden. Meditieren Sie, um auf die Gegenwart fokussiert zu bleiben, während Sie Zukunftspläne loslassen. Plötzliche Veränderungen können Ihnen buchstäblich den „Atem verschlagen", also achten Sie bei einem Schock auf Ihre Atmung.

85 EINFACH FREUNDLICH SEIN

Durch Freundlichkeit setzen Sie Ihr neues Bewusstsein in die Tat um, indem Sie etwas von sich selbst geben. Es zeigt, dass Sie wahrgenommen haben, was ein Anderer braucht oder gerne hätte. Menschen bitten nicht immer in Worten um das, was sie brauchen; daher gehören zur Freundlichkeit auch Verständnis und Herz für andere. Denken Sie zurück an Zeiten, in denen Ihnen durch die Freundlichkeit anderer geholfen wurde – und was es Ihnen bedeutete. Schließen Sie sich selbst mit ein, wenn Sie freundlich sind: Es fällt oft zu leicht, streng mit sich selbst zu sein.

GUTE GELEGENHEIT
Es gibt immer Gelegenheiten im Leben für einfache Freundlichkeit.

Eine kleine Entscheidung des einen kann sehr wichtig für den anderen sein

86 TÄGLICHE WAHLMÖG-LICHKEITEN

Jeden Tag müssen Sie viele Entscheidungen treffen, die Sie vielleicht nicht einmal bemerken. Jede Wahl birgt eine Möglichkeit für Sie, achtsam zu handeln, zu denken, zu reagieren oder zu antworten. Jede noch so kleine Entscheidung hat Folgen, wie die Wellenkreise auf einem stillen Teich, wenn man einen Stein wirft. Achten Sie auf die Folgen Ihrer Entscheidungen. Nutzen Sie jede Möglichkeit?

SIE ENTSCHEIDEN
Lassen Sie andere Menschen ihre eigenen Entscheidungen treffen, aber nicht die Ihren. Entscheiden Sie bewusst. Selbst eine kleine Entscheidung kann wichtig sein.

87 DEN TAG MIT EINEM LÄCHELN BEGINNEN

Das Aufwachen gibt den Ton für den ganzen Tag an. Freuen Sie sich auf den Tag? Oder graut Ihnen schon vor dem, was vor Ihnen liegt? Beachten Sie jedes Gefühl, während Sie aus dem Schlaf hinübergleiten in das Erwachen. Begrüßen Sie den Tag mit einem Lächeln und machen Sie sich, noch während Sie im Bett liegen, Gedanken darüber, wie Sie heute anderen Menschen helfen können, indem Sie ihren Tag mit Freundlichkeit füllen. Nutzen Sie diese Morgenübung, um eine positive Einstellung aufzubauen.

AUF UND LOS
Sie können während Ihrer Morgenroutine meditieren, z. B. beim Baden über das lebensspendende Wasser.

◁ **GUTER ANFANG**
Bewegung, wie z. B. ein Morgenlauf oder Stretching, gibt Ihnen einen Energieschub am Morgen.

Konzentrieren Sie sich darauf, innere Ruhe zu erreichen

Achten Sie auf die Bewegungen und Gefühle Ihres Körpers

OFFENEN GEIST BEWAHREN
Sobald Sie für den Tag bereit sind, legen Sie alle vorgefassten Meinungen beiseite. Seien Sie offen und gespannt auf das, was kommt, und betrachten Sie die Geschehnisse des Tages nüchtern.

◁ **VORBEREITUNG**
Nehmen Sie sich jeden Morgen 10 Minuten Zeit, um Ihre Gedanken still zu sammeln. Blicken Sie mit Hoffnung und Freude auf das, was der Tag bringt.

Diese Position ist bequemer, wenn Sie ein kleines Kissen oder ein weiches, gefaltetes Handtuch zwischen Po und Füße legen.

88 Ruhe & Schlaf vorbereiten

Bevor Sie zu Bett gehen, setzen Sie sich ruhig hin und rufen Sie sich die Geschehnisse des Tages wie einen Film ins Gedächtnis. Sie können Ihre eigene Rolle darin beobachten oder einfach nur die Ereignisse rekapitulieren; versuchen Sie aber nicht, über Schwierigkeiten zu grübeln. Falls der Tag Streit oder Auseinandersetzungen brachte, vermeiden Sie es, sich an ganze Episoden zu erinnern. Diese regelmäßige Übung wird es Ihnen ermöglichen, einen Sinn für Zusammenhänge und Kontinuität zu entwickeln, der alle Aspekte Ihres Lebens umfasst. Das ist besonders wertvoll, wenn es Ihnen schwer fällt, verschiedene Rollen oder kollidierende Ansprüche von Haus, Arbeit und Freizeit unter einen Hut zu bringen.

BEREIT FÜR MORGEN
Massieren Sie sich selbst, um Verspannungen im Körper zu lösen und besser zu schlafen. Ein warmes, nichtalkoholisches Getränk entspannt.

Richten Sie Ihre Gedanken nach innen

◁ **ABENDLICHE MEDITATION**
Denken Sie so detailliert wie Sie möchten an den Tag zurück. Ziel der Übung ist es, darüber nachzudenken, was geschah, ohne dabei sich oder andere zu verurteilen.

Kerzenlicht ist sanft und warm

Halten Sie die Hände so, wie es Ihnen bequem ist.

LEBEN & VERÄNDERUNG

89 ERFÜLLUNG FINDEN

Durch Meditation beginnt den Prozess der Veränderung, so als ob Sie einen neuen Samen in sich selbst gepflanzt hätten. Wie jeder Samen braucht er Nahrung und Zeit zum Wachsen. Die Meditation bringt Selbst-Bewusstsein in jeden Bereich des Alltags. Je mehr Sie Ihre eigenen Bedürfnisse, Fähigkeiten und Qualitäten schätzen, desto eher werden Sie die Aktivitäten wählen, die Ihre Entwicklung unterstützen. Persönliche Erfüllung schafft Zufriedenheit und gibt dem Leben einen Sinn. Stellen Sie sich vor, Sie stehen neben einem Becken voller Seerosen. Einige treiben Knospen, andere blühen gerade auf. Welche sind Sie?

Yogaposition für die Meditation: Padmasana oder der volle Lotus-Sitz

◁ TRANSFORMATION
Im Schlamm verwurzelt, wächst durch das Wasser und blüht unter der Sonne: Die Lotosblüte steht für das menschliche Potenzial und Streben.

ÖSTLICHES SYMBOL
Eine Lotusblume steht für spirituelles Aufblühen. Die vielen Blütenblätter symbolisieren die Entwicklung Ihrer inneren Qualitäten.

90 DU BIST, WAS DU ISST

Die Wahl Ihrer Lebensmittel spiegelt Ihre Lebenswerte wider: Mit dem Wandel dieser Werte werden Sie auch bewusster essen. Was können Sie von Ihrem momentanen Essverhalten lernen? Wurden die Lebensmittel auf für Umwelt oder Tiere schädliche Art und Weise hergestellt? Wählen Sie überzuckertes oder fettes Essen, Zigaretten oder Alkohol, die Ihnen schaden können? Ihre Essgewohnheiten werden sich ändern, wenn Sie über die Folgen Ihrer Entscheidungen nachdenken.

GEMÜSESALAT MIT
OLIVEN & PAPRIKA

91 DU BIST, WAS DU DENKST

Seien Sie sich der Kraft Ihres Geistes bewusst. Es ist wichtig zu erkennen, was Sie denken. Denken Sie über den Satz „Energie folgt dem Gedanken" nach. Ihre Gedanken bringen Sie dazu, alles auf eine bestimmte Art und Weise zu sehen. In den gewohnten Bahnen zu denken schafft starke Muster, die sich schwer verändern lassen. Welche Gedanken gehen Ihnen durch den Kopf? Achten Sie auf Ihre Gedanken und entdecken Sie die Muster, in die sie fallen. Selbst alte Muster können durch Aufmerksamkeit geändert werden.

EINSCHALTEN
Starre Denkmuster können Ihr Leben in erstarrten Formen prägen. Schalten Sie Ihre Aufmerksamkeit ein und brechen Sie aus diesen Formen aus.

ENERGIE-EFFIZIENT?
Welche Energie folgt Ihren Gedanken? In negativen Denkweisen gefangen zu sein, kann Ihre Produktivität und Leistungsfähigkeit beeinträchtigen.

92 POSITIVE LEBENSENTSCHEIDUNGEN

Wirklich lebendig zu sein heißt, Entscheidungen zu treffen. Eine große Entscheidung kann schwer sein, wenn die Möglichkeiten ziemlich gleichwertig scheinen. Nehmen Sie Ihre Gedanken in eine ruhige Meditation mit und lassen Sie nicht Ihre Gefühle, sondern eher Ihre Intuition und Ihren Intellekt die Sache betrachten. Nutzen Sie die Meditation, um sich positiv – also für eine Sache – zu entscheiden.

Entscheidungen sind fällig, wenn Prioritäten sich verändern

POSITIV DENKEN
Konstruktive Lebensentscheidungen tragen zu innerem Wachstum, emotionalem Wohlbefinden und größerem Energiepotenzial bei. Bauen Sie Stress ab und nehmen Sie sich mehr Zeit für Ihre eigenen Interessen.

DEFINIEREN SIE KLAR IHRE ZIELE

93 ALLES LEBEN HAT SINN

Das menschliche Leben ist nur ein Faden in einem großen Teppich. Tier- und Pflanzenwelt sind zu einem lebendigen Ökosystem verbunden. Die Ausbeutung der Tiere durch den Menschen hat viel Schaden angerichtet. Viele spirituelle Traditionen lehren Mitgefühl und Achtung vor dem Leben: Jedes Leben hat Sinn. Wählen Sie ein Tier und meditieren Sie über sein Leben als eigenständiges, fühlendes Geschöpf. Versuchen Sie den Wert von Dingen zu schätzen, die Sie nicht mögen oder die Ihnen unwichtig erscheinen.

DAS GLEICHGEWICHT HALTEN
Diese Schlange ist vielleicht gefährlich, aber wie alle Lebewesen spielt sie eine Rolle im Gleichgewicht der Natur. Viele Tierarten sind heute vom Aussterben bedroht.

94 VERBINDUNGEN SCHAFFEN

Die Meditation hilft Ihnen, sich mit der Welt verbunden zu fühlen. Entwickeln Sie diese Vorstellung, indem Sie diese Verbundenheit zum Thema Ihrer Meditation machen. Denken Sie über die vielen Menschen nach, die täglich und unsichtbar Ihr Leben streifen. Wie Bienen im Stock hat jeder etwas zum größeren Ganzen beizutragen. Denken Sie an die Menschen, denen durch Ihre Arbeit direkt und indirekt geholfen wird, und wie andere Ihnen helfen.

WELTWEITES NETZWERK
Wie viele Waren kommen aus der ganzen Welt zu Ihnen! Jedes Mal, wenn Sie eine Tasse Tee trinken, eine Orange essen oder Baumwolle oder Seide tragen, profitieren Sie von diesem Netzwerk.

Finden Sie Verbundenheit in der Natur

95 LEBEN IM JETZT

Im Jetzt zu leben ist nicht dasselbe wie für den Tag zu leben. Es bedeutet, jeden Moment der Gegenwart bewusst zu leben, aber mit dem Bewusstsein der Kontinuität zwischen Vergangenheit, Gegenwart und Zukunft. Machen Sie sich die Zeit zum Verbündeten: Pflanzen Sie die Samen Ihrer Zukunft in der Gegenwart, durch Ihr Streben, und warten Sie damit nicht bis morgen. Die Zukunft gehört Ihnen nur dann, wenn sie zur Gegenwart geworden ist, also lassen Sie jeden Moment Ihres Lebens bedeutsam sein.

ZEIT VERLIEREN
Die Zeit verrinnt rasch, also lassen Sie keine Möglichkeit für mitfühlende Handlungen oder einfache Güte ungenutzt vorüberziehen.

HEUTE BEGINNEN
Lassen Sie das Leben nicht an sich vorbeiziehen. Warten Sie mit Ihren Hoffnungen und Wünschen nicht bis morgen; leben Sie jetzt.

96 JEDER AUGENBLICK ZÄHLT

Sie können in dieser Minute bewusst zu leben beginnen. Sie haben vielleicht kein Morgen, aber Sie haben diesen Moment. Das Sprichwort sagt: „Was du heute kannst besorgen, das verschiebe nicht auf morgen". Die dämonenartige Gottheit Mahakala erinnert die Buddhisten an die Vergänglichkeit der Zeit. Wer kann ihm widerstehen? Versuchen Sie keine Zeit zu verlieren, indem Sie über die Vergangenheit grübeln oder versuchen sich die Zukunft auszumalen.

Mahakala hat die Macht, Zeit zu verschlingen

ZEIT SCHAFFEN
Haben Sie das Gefühl, dass Monate und Jahre sinn- und zwecklos verstreichen? Bringen Sie Ihr Bewusstsein zurück zu einem Leben in der Gegenwart.

Meditieren Sie über die Vergänglichkeit der Zeit. Leben Sie im Jetzt und nutzen Sie den Tag.

ZEIT VERSCHLINGEN
Hier wird Zeit als Monster dargestellt. Ihre Verpflichtungen aus Vergangenheit oder Zukunft können leicht Ihr Leben beherrschen, wenn Sie es zulassen. Sehen Sie die Zeit als eine Reihe von Möglichkeiten im Jetzt.

Mahakala zeigt Unvermeidlichkeit und Sterblichkeit. In seinem Kopfputz steckt ein Hackmesser und in einer Hand hält er eine mit Blut gefüllte Hirnschale.

97 NEUE VORSTELLUNGEN BEGRÜSSEN

Auf Ihrer Reise in die Meditation werden Sie viele neue Vorstellungen finden, einige von ihnen schon Tausende von Jahren alt. Sie haben den Test der Zeit überstanden und Generationen von Suchenden geholfen. Beurteilen Sie Vorstellungen und Werte nach den Menschen, die nach ihnen leben. Überlegen Sie, was für ein Mensch Sie werden möchten. Seien Sie offen für neue Gedanken und Vorstellungen und andere Sichtweisen auf die Welt.

Da die Technik immer mehr Einfluss bekommt, sollten Sie die menschlichen Fähigkeiten umso höher schätzen.

KLARE SICHT
Betrachten Sie Informationen mit Hintergrundwissen. Entwickeln Sie Intellekt und Intuition, lesen Sie viel und bewahren Sie sich Ihr Urteilsvermögen.

MIT DER ZEIT
Die Technik der Meditation hat viele Jahrhunderte der Veränderung überlebt – und wird sicher noch länger existieren.

98 WAS IST IHNEN WICHTIG?

Während die Meditation Teil Ihres täglichen Lebens wird, sollten Sie sich fragen, ob Ihre persönlichen Werte und Ziele klarer geworden sind. Es ist zu leicht, sich von den Werten und Zielen anderer Leute tragen zu lassen. Regelmäßige Meditationen werden Ihnen helfen herauszufinden, was Ihnen wirklich wichtig ist. Wenn es Ihnen schwer fällt, langfristige Bestrebungen zu nennen, dann fragen Sie sich täglich, was für Sie Bedeutung hat. So bleiben Sie konzentriert auf Ihre Bedürfnisse und in Kontakt mit sich selbst.

99 VERÄNDERN SIE SICH SELBST, VERÄNDERN SIE DIE WELT

Meditation verursacht Veränderung. Während Sie sich verändern, hat sich auch die Welt verändert. Auch wenn Sie meinen, wenig Unterschied in der Welt zu machen, so bewirken doch viele Menschen, die gleich und lebensbejahend denken, viele positive Veränderungen. Unzählig viele Menschen weltweit meditieren regelmäßig: Sie sind nicht allein in Ihrem Bestreben, sondern ein Teil der Gemeinschaft. Zu diesem Zeitpunkt werden Sie es als hilfreich und ermutigend empfinden, einen Kurs zu besuchen oder mit einem Lehrer zu üben.

WIE SIE LEBEN, KANN DEN AUSSCHLAG GEBEN

100 DAS GESAMTBILD BETRACHTEN

Gleichgesinnte tun sich zusammen, um ihre Hoffung und ihr Engagement auszudrücken. Bringen Sie sich ein Bild der Erdkugel vor das geistige Auge und denken Sie an die weltweite Gemeinschaft von Meditierenden. Sehen Sie den Globus in einem Netz aus Licht. Das ist das Gesamtbild. Meditation bringt das Licht nach innen, in Ihr Leben. Geistige Klarheit, Einsicht und aufmerksames Handeln erleuchten alle Bereiche des täglichen Lebens und der Beziehungen.

GLEICHGESINNTE
Alle Arten von Festivals und Feiern führen Menschen zusammen. Diese Versammlungen können eine Möglichkeit sein, um Ihre Vorstellungen mit anderen zu teilen.

101 IN RICHTUNG ERLEUCHTUNG

Erleuchtung ist eine Erfahrung, die als Ergebnis der Meditation geschehen kann. Es ist, als wären Sie plötzlich wach. Meditation kann einen Durchbruch verschaffen in Bezug darauf, wie Sie alles in Ihrem Leben sehen. Das ist oft ein dramatischer Moment, wie ein Licht, dass Ihnen im Geist an-

geht. Erwarten Sie keine komplette Offenbarung; neue Vorstellungen und Durchbrüche können jederzeit entstehen. Jedes Mal, wenn Sie etwas Neues entdecken, bringen Sie Licht in Ihr Leben. Wenn Sie regelmäßig meditieren, werden Sie der Erleuchtung immer näher kommen.

IHRE REISE ZUR ERLEUCHTUNG KANN EINE REISE DER SELBSTFINDUNG SEIN

REGISTER

BILDNACHWEIS

o = oben; M = Mitte; u = unten; l = links; r = rechts

Der Verlag dankt folgenden Institutionen für die freundliche Genehmigung zur Reproduktion ihres Fotomaterials: AKG, London 22, 52, 66; Ancient Art and Architecture 8r, 9l; British Museum 68o; Bruce Coleman Limited/Luiz Claudio Marigo 57u/Kim Taylor 21l, 25; Werner Forman Archive 9r; Fortean Picture Library 51o; Robert Harding Picture Library 10o, 12r/Westlight/Craig Aurness 13o; NASA 10M, 51u, 55u; The Image Bank/Joanna McCarthy 30o,u/Kaz Mori 28o; Museum of the Order of St John/DK 51M; Anne and Bury Peerless Picture Library 50; Royal College of Music Junior Department 26or; Tony Stone Images 32r/ Tony Arruza 68u/Warren Bolster 36M/Rob Boudreau 34u/ Chad Ehlers 6u/Ragnar Sigurdsson 38o/Greg Vaughn 54o/ Charlie Waite 49u/Ken Welsh 34o; Zefa Picture Library 33o.

Alle übrigen Fotos: Max Alexander, Steve Bartholomew; Paul Bricknell, Joe Cornish, Andy Crawford, Tim Daly, Geoff Dann, Jo Foord, Steve Gorton, Frank Greenaway, Stephen Hayward/Steven Wooster, Colin Keates, Dave King, Neil Lukas, Andrew McRobb, Ray Moller, David Murray, Stephen Oliver, Tim Ridley, Kim Sayer, Carl Shone, Jane Stockman, Harry Taylor, Andreas von Einsiedel, Matthew Ward, Jerry Young.